LES POLITICIENS LES PLUS CONS DE L'HISTOIRE

ISBN : 978-2-412-09988-9
Code éditeur : S09988/01
Imprimé en France par Normandie Roto Impression s.a.s. en avril 2025

Correction : Céline Dutt
Mise en pages : Fabrice Del Rio Ruiz

Éditions First, un département d'Édi8
92, avenue de France
75013 Paris – France
Tél : 01 44 16 09 00
Email : firstinfo@efirst.com
Site Internet : www.editionsfirst.fr

Bruno Fuligni

LES POLITICIENS LES PLUS CONS DE L'HISTOIRE

Rois, présidents, ministres, députés, sénateurs... pris en flagrant délit de bêtise !

FIRST
ÉDITIONS

Du même auteur

Les Constituants de l'Eldorado ou la république de Counani, Plein Chant, 1997.

L'État c'est moi. Histoire des monarchies privées, principautés de fantaisie et autres républiques pirates, Les Éditions de Paris-Max Chaleil, 1997.

Le Feu follet de la République. Philibert Besson, député, visionnaire et martyr, Éditions Guénégaud, 1999.

La Chambre ardente. Aventuriers, utopistes, excentriques du Palais-Bourbon, Les Éditions de Paris-Max Chaleil, 2001 et CNRS Éditions, 2020.

Victor Hugo président ! Les Éditions de Paris-Max Chaleil, 2002 et CNRS Éditions, 2021.

L'Île à éclipses. Histoire des apparitions et disparitions d'une terre française en Méditerranée, Les Éditions de Paris-Max Chaleil, 2003 et CNRS Éditions, 2019.

Jules Verne en verve, Éditions Horay, 2004.

Les Quinze mille. Députés d'hier et d'aujourd'hui, Éditions Horay, 2005.

La Police des écrivains, Éditions Horay, 2006 et CNRS Éditions, 2020.

Votez fou ! Candidats bizarres, utopistes, chimériques, mystiques, marginaux, farceurs et farfelus : de 1848 à nos jours, les élus auxquels vous avez échappé, Éditions Horay, 2007.

Dans les secrets de la police. Quatre siècles d'Histoire, de crimes et de faits divers, L'Iconoclaste, 2008.

La Parlotte de Marianne. 1 000 mots d'argot politique, Éditions Horay, 2009.

Présentation du *Dictionnaire de la racaille, manuscrit inédit du commissaire Adolphe Gronfier*, Éditions Horay, 2010.

Dans les archives inédites des services secrets. Un siècle d'Histoire et d'espionnage français, 1870-1989, L'Iconoclaste, 2010.

La France rouge. Un siècle d'histoire dans les archives du PCF, Les Arènes, 2011.

Petit Dictionnaire des injures politiques, L'Éditeur, 2011.

Le Livre des espions, L'Iconoclaste, 2012.

Les Frasques de la Belle Époque, Albin Michel, 2012.

La Tortue d'Eschyle et autres morts stupides de l'Histoire, Les Arènes, 2012.

Le Monde selon Jaurès, Tallandier, 2014.

Tour du monde des terres françaises oubliées, Éditions du Trésor, 2014.

Secrets d'État. Les Grands Dossiers du ministère de l'Intérieur, L'Iconoclaste, 2014.

Les Gastronomes de l'extrême. Du potage de hannetons au rôti de baleineau, les repas des grands voyageurs racontés par eux-mêmes, Éditions du Trésor, 2015.

Raccourcis. Dernières paroles stupéfiantes et véridiques devant la guillotine, Éditions Prisma, 2015.

Dieu au Parlement. Quand Victor Hugo, Gambetta, Clemenceau, Malraux... parlaient de laïcité, Omnibus, 2015.

Le Musée secret de la police, Gründ, 2015.

Justiciers, Perrin/Sonatine, 2015.

Royaumes d'aventure. Ils ont fondé leur propre État, Les Arènes, 2016.

Paris 1880-1910, Les Arènes, 2016.

L'Art de retourner sa veste. De l'inconstance en politique, La Librairie Vuibert, 2016.

Souvenirs de police. La France des faits divers et du crime racontée par des policiers, collection « Bouquins », Éditions Robert Laffont, 2016.

Histoire amusée des promesses électorales, Tallandier, 2017.

L'Évêque Cauchon et autres noms ridicules de l'Histoire, Les Arènes, 2017.

Mata Hari. Les vies insolentes de l'agent H 21, Gallimard, 2017.

Atlas des zones extraterrestres, Arthaud, 2017.

L'Affreux du Panthéon, La Table ronde, 2018.

Tour du monde à travers la France inconnue, Éditions du Trésor, 2018.

Mai 68. L'Envers du décor, Gründ, 2018.

Républiquissime. Petites et Grandes Histoires de la vie politique, Armand Colin, 2018.

Le Bureau des légendes décrypté, L'Iconoclaste, 2018.

Les Guerres stupides de l'Histoire, avec Bruno Léandri, Les Arènes, 2019.

L'Incendie du Bazar de la Charité, L'Archipel, 2019.

Mes Dossiers secrets. Crimes, faits-divers, espionnage, Flammarion, 2019.

Landru. L'élégance assassine, Le Rocher, 2020.

La France du temps des Républiques, Armand Colin, 2020.

La Fille de Napoléon, Les Arènes, 2021.

Les Lois folles de la République, Éditions Jean-Claude Lattès, 2022.

L'Argot des manchots. Petit lexique en usage dans les Terres australes et antarctiques françaises, Éditions Hémisphères, 2022.

Coups de canon aux Kerguelen. La prise de possession de 1893, Éditions Hémisphères, 2022.

Atlas secret du renseignement, Gründ, 2022, 2023 et 2024.

Présentation des *Confessions de Madame Cent-Kilos*, manuscrit inédit de Marie-Justine Pesnel, Éditions Jean-Claude Lattès, 2023 et Harper Collins, 2024.

Le Fichier mondial des espionnes, Albin Michel, 2023.

Le Génie humain. Les archives des inventeurs de 1791 à nos jours, Gründ, 2023.

Parlez-vous poloche ? Petit dictionnaire d'argot politique et parlementaire de 1789 à nos jours, Éditions Hémisphères, 2024.

Le Génie gourmand. Les inventions culinaires et gastronomiques de 1791 à nos jours, Gründ, 2024.

Sociétés secrètes et gastronomie. À la découverte des chevaliers de l'estomac, Éditions Dervy, 2025.

« L'intelligence, cette petite chose
à la surface de nous-mêmes. »

Maurice BARRÈS (1862-1923), écrivain,
député nationaliste de Meurthe-et-Moselle de 1889 à 1893, député de la Seine de 1906 à sa mort

Préface d'Alain Bauer

Nous les élisons parfois, les subissons souvent, mais nos dirigeants peuvent être très drôles, très bêtes, parfois bêtes et méchants.

Ils (elles aussi) ont souvent plus d'humour qu'on ne le croit, mais on découvre de temps en temps que c'est à leurs propres dépens.

Depuis 1988, malgré une petite interruption, un club délivre même un prix de l'humour politique dont il serait cruel de priver le lecteur de quelques remarquables saillies :

« *Quand le moment est venu, l'heure est arrivée.* » (Raymond Barre)

« *Même en avion, nous serons tous dans le même bateau.* » (Jacques Toubon)

« *La droite et la gauche, ce n'est pas la même chose.* » (Pierre Mauroy)

« *Voici que s'avance l'immobilisme et nous ne savons pas comment l'arrêter.* » (Edgar Faure)

« *En 1989, sur cinquante-deux évadés, on en a repris cinquante-trois.* » (Pierre Arpaillange, garde des Sceaux)

« *La contraception doit avoir ses règles.* » (Bernard Kouchner)

« *Je n'imagine pas un instant cette île séparée du continent.* » (Jean-Louis Debré parlant de la Corse)

« *Même quand je ne dis rien, cela fait du bruit.* » (Ségolène Royal)

Frédéric Lefebvre pour sa réponse à la question « *Quel est votre livre de chevet ?* » « *Zadig et Voltaire.* »

« *Ce n'est pas plus mal que ce soit une femme qui soit élue pour faire le ménage.* » (Ségolène Royal)

« *Au centre, on n'est pas chargés d'être la roue de secours du* Titanic. » (Hervé Morin)

« *On a une recrudescence de violence... Par exemple, le vol des portables à l'arraché. Ça n'existait pas avant que les portables existent.* » (Nadine Morano)

« *Il y a ceux qui n'attendent plus rien ; je fais en sorte de leur apporter ce qu'ils attendent.* » (François Hollande)

« *La réforme des retraites, on fera cela quand on tombera les masques.* » (Emmanuel Macron)...

Cette (trop) courte sélection n'est qu'un hors-d'œuvre au magnifique travail de Bruno Fuligni, mi-*insider*, mi-donneur d'alerte *a posteriori*, nous faisant revivre notre histoire politique au rythme des bourdes et absurderies de celles et ceux qui nous gouvernent.

Sommaire

Introduction

Vie et mœurs des conoïdes

« C'est un crétin que l'on mènera », assurait Adolphe Thiers quand le camp conservateur choisit Louis-Napoléon Bonaparte comme candidat à l'élection présidentielle du 10 décembre 1848. Élu sur son seul nom à près de 75 % des voix, celui-ci finit par prendre l'intégralité du pouvoir en organisant un coup d'État le 2 décembre 1851, fit arrêter Thiers et rétablit l'Empire à son profit, sous le nom de Napoléon III.

Il faut donc se méfier des crétins, réels ou supposés, l'erreur fatale en politique consistant à sous-estimer l'adversaire.

La passion polémique et le goût du sarcasme conduisent souvent à minimiser ses capacités ; il est d'ailleurs facile de discréditer un ennemi en insistant sur sa bêtise et sa fermeture d'esprit, mais l'exercice peut se révéler à double tranchant. D'une part, n'est-ce pas insulter le peuple et les électeurs que d'affirmer qu'ils ont porté au pouvoir un imbécile ? D'autre part, comment expliquer qu'un parfait idiot soit parvenu à de si hautes responsabilités qu'on ait envie de prendre sa place ?... Car on trouve, chez les suspects de bêtise, des individualités complexes qui surent poursuivre de belles et longues carrières.

Ainsi Émile Chautemps (1850-1918), qui fut député radical de la Seine de 1889 à 1897, député de la Haute-Savoie de 1897 à 1905 puis sénateur jusqu'en 1918, mais aussi ministre des Colonies en 1895 et ministre de la Marine en 1914 : un beau palmarès, que prolongea son fils Camille Chautemps en devenant lui-même parlementaire, ministre et président du Conseil. Or voici en quels termes le polémiste Eugène Lacotte, dans son pamphlet *Nos Seigneurs républicains,* paru en 1906, règle le compte de cette sommité politique :

> « Parmi les types singuliers ou amusants de la zoologie parlementaire, il n'en est guère de plus intéressant que ce représentant de la Savoie qui offre à l'observateur un sujet perpétuel d'étonnement.
>
> « M. Chautemps appartient, en effet, à la classe des mollusques, ordre des gastéropodes, section des conoïdes.
>
> « Lacépède a dit : "La nature conforme les êtres en vue de leur destination." En regardant l'étrange produit du suffrage universel que nous tenons sous notre loupe, on ne saurait être trompé sur la sienne.
>
> « Son aspect hideux le range dans la catégorie des phénomènes malfaisants bons à montrer, en aquarium, à la foire aux Pains d'Épices ; mais la manifestation de quelques signes d'intelligence, à peine

> percevable du reste, et la docilité qu'il a su montrer ont pu assurer à cet invertébré une existence paisible sur les bancs du Sénat, au lieu que de végéter dans ceux d'un parc d'ostréiculture. »

Victor Hugo, déjà, exhortait ses concitoyens à ne pas « préférer l'huître à l'aigle »... Membre de la Chambre des pairs, puis trois fois élu représentant du peuple et plus tard sénateur à la fin de sa vie, il savait à quoi s'en tenir sur une partie de la gent parlementaire qui interrompait si grossièrement ses discours. Il avait pourtant prévenu, à Assemblée nationale législative, le 5 avril 1850 :

> « On ne fait cas que de ces hommes positifs qui ne sont, après tout, que des hommes négatifs... *(Explosion de rires à droite.)*
>
> **Une voix.** Quel pathos !
>
> **M. Victor Hugo.** Mais qu'une révolution survienne, les hommes d'affaires, les gens habiles ne sont plus que des nains... *(Sourires à droite.)*
>
> **M. Boissié.** Et les imbéciles sont des géants ! *(Hilarité bruyante et prolongée. – Très bien ! très bien ! – Assentiment marqué à droite.)* »

Ce député Boissié fait typiquement partie de l'espèce des « conoïdes » : assez malin pour être élu et se sentant assez fort pour se moquer du grand poète, mais ne laissant d'autre trace dans l'Histoire que cette marque de suffisance.

Conoïde également, Hugues-Bernard Maret, qui devint duc de Bassano sous l'Empire, ministre des Affaires étrangères de Napoléon, et fut assez souple pour conserver son titre et se faire nommer pair de France après Waterloo et le rétablissement de la royauté. Cet habile homme, pourtant, ne prit que des décisions désastreuses, ce qui fit dire à son rival Talleyrand : « Je ne connais au monde qu'un homme plus bête que M. Maret, c'est Son Excellence le duc de Bassano... »

Il est vrai que Talleyrand avait la dent dure. Quand la République fut dirigée par trois consuls, il reprit pour les désigner la déclinaison latine du pronom démonstratif, *Hic, hæc, hoc* : *celui-ci* (Bonaparte), *celle-là* (Cambacérès, notoirement homosexuel) et *ça* (Lebrun). Or, si Charles-François Lebrun n'avait pas la prestance des deux autres, ce spécialiste des finances publiques sut devenir plus tard duc de Plaisance, pair de France, et avait traduit l'*Illiade* et l'*Odyssée* en français, ce qui n'était pas à la portée d'un parfait abruti.

Un autre Lebrun, Albert, fut quant à lui surnommé « le Sot pleureur » : président de la République française au moment du désastre de 1940, il fut complètement dépassé par les événements et balayé du pouvoir au moment de l'invasion allemande. Il avait cependant été major de sa promotion à Polytechnique et à l'École des Mines...

L'intelligence politique n'a donc rien à voir avec les diplômes ou la reconnaissance académique. L'instinct, la ruse, l'esprit pratique et le charisme personnel servent mieux une carrière que les connaissances abstraites. Parfois, l'intelligence suprême consiste même à se faire passer pour stupide, afin d'avancer sans éveiller la méfiance des rivaux.

L'exemple classique est l'empereur Claude, à Rome : « On s'étonnait de ses oublis et de ses distractions, ou, comme disent les Grecs, de sa *metoria* (étourderie) et de son *ablepsia* (stupidité) », écrit Suétone dans sa *Vie des douze Césars*. « Loin de garder le silence sur son imbécillité, il prétendit prouver dans quelques discours que ce n'était qu'une feinte qu'il avait cru nécessaire sous le règne de Caius pour échapper à ce prince et parvenir à ses fins. »

Claude, de son vivant, ne convainquit guère pourtant, et peu de temps après cet aveu, parut un livre intitulé *La Guérison des imbéciles*, qui visait à démontrer que personne ne contrefait la bêtise. De nos jours, en revanche, il apparaît aux historiens que Claude fut plutôt un bon empereur, qui sut restaurer la puissance de Rome, avant de périr assassiné...

En France, c'est Sadi Carnot qui dut les plus hautes fonctions à sa réputation de basse intensité intellectuelle : petit-fils du Grand Carnot, l'organisateur de la victoire des armées révolutionnaires, il était quant à lui député de la Côte-d'Or quand on songea à lui pour l'Élysée, en 1887. À l'époque, le président de la République était élu par les députés et les sénateurs réunis à Versailles. « Je vote pour le plus bête », aurait lancé Clemenceau, désireux d'empêcher qu'une personnalité forte s'installe à l'Élysée. Une règle de conduite, toutefois, qui se retourna plus tard contre lui, quand les parlementaires, en 1920, soutinrent l'insipide Deschanel, obligeant Clemenceau à renoncer : au lieu du Tigre auréolé du prestige de la victoire de 1918, la France fut présidée par ce personnage lunaire qu'on retrouva une nuit en pyjama, le long d'une ligne de chemin de fer, parce qu'il était tombé du train présidentiel...

Quant à Sadi Carnot, sa fortune politique fut aussi son malheur puisque, devenu président de la République, il fut assassiné le 24 juin 1894 par l'anarchiste Caserio, qui avait dissimulé un poignard dans le bouquet de fleurs qu'il portait au chef de l'État.

> « À part qu'il en est mort, Carnot n'aurait pas à se plaindre que Caserio lui ait troué le foie, ironisait alors l'anarchiste Émile Pouget dans *Le Père peinard*. Jusque-là, le type avait passé pour une tourte ; on l'avait bombardé président, à cause de son *imbécillité* : le plus bête semblait le *nec plus ultra* des présidents. Grâce à Caserio, on lui a découvert une foultitude de qualités et de vertus, de quoi rendre des points à toutes les saintes nitouches du paradis. »

Clemenceau, pour sa part, conscient de sa valeur, égratigna de sa patte griffue les plus illustres de ses contemporains. Adolphe Thiers, par exemple, « était un homme qui, résolument, n'avait aucune idée, qui n'avait littéralement d'ouverture sur rien... [...] Il était de ces idiots bornés qui se figurent qu'avec un ordre sur un bout de papier on vient à bout de tout. »

Jules Ferry, le père de l'école laïque, plusieurs fois ministre de l'Instruction publique et Président du

Conseil de 1879 à 1885, « n'était pas un malhonnête homme. Mais du point de vue de l'intelligence, c'était un homme au-dessous du médiocre, pas fichu de rien faire, pas fichu de dire deux mots. Ces gens-là, habituellement, ont au moins la parole ; ils n'expriment peut-être que du vent mais ils l'expriment. Lui, quand vous alliez le voir, il vous regardait avec des yeux vides, faisait de petites plaisanteries bourgeoises – et c'était tout. Et si on en avait fait un président du Conseil, c'est précisément parce qu'il n'était bon à rien. »

Clemenceau ne montra pas plus de mansuétude pour Félix Faure, le président de la République mort dans les bras de sa maîtresse : « En entrant dans le néant, il a dû se sentir chez lui. » Des années durant, dans le contexte de l'affaire Dreyfus, Clemenceau avait décrit « sa pauvre cervelle bouffie de vanité bourgeoise », « son inqualifiable sottise », « l'étiage de cette âme, [...] ensemble assez bas des vulgaires instincts », avec cette conviction : « Félix Faure est au-dessous de l'inintelligence. »

Quant à son successeur Émile Loubet, président de la République de 1899 à 1906, ce fut par un néologisme que le fustigea Clemenceau, en parlant de « loubetises » pour évoquer les bêtises proférées par celui-ci.

Vint ensuite Armand Fallières, chef de l'État placide et bonhomme qui, dans ses fonctions antérieures de président du Sénat, avait fait la « une » de la presse en s'endormant en séance, confortablement avachi dans le fauteuil présidentiel. Ce fut cette fois le pamphlétaire royaliste Léon Daudet qui l'étrilla d'une phrase terrible :

« Le Président n'est pas un soliveau, c'est une solivache. » Fallières, pourtant, était un honnête homme, très populaire, mais l'extrême droite en voulait à cet avocat proche des paysans qui milita toute sa vie pour l'abolition de la peine de mort.

L'accusation de bêtise constitue d'abord une arme politique, dont l'usage peut comporter une part de mauvaise foi. « On ne comprendra jamais Briand si l'on ne part du principe que cet homme si rusé est d'abord un imbécile », écrivit ainsi le royaliste Charles Maurras au sujet du rapporteur de la loi de 1905, plusieurs fois chef du gouvernement et futur prix Nobel de la paix.

L'extrême droite se déchaîna sous le Front populaire, quand le journal *Candide* dénonça, au sujet du second cabinet Blum en 1938, « le même tas d'imbéciles, d'incompétents, de banqueroutiers, d'hypocrites, d'incorrigibles, une insulte au bon sens, une insulte à la nation »... Deux ans plus tôt, le même style d'attaques avait poussé au suicide le ministre de l'Intérieur Roger Salengro, accusé de désertion pendant la Grande Guerre et en qui Maurras voyait « d'abord et avant tout un crétin, un pâle crétin, un circoncis de l'entendement »...

De même, sous la plume passionnée d'un polémiste comme André Figueras, il ne reste plus grand-chose de Robert Schuman, pourtant l'un des « pères de l'Europe », président du Conseil en 1947 et en 1948, ministre des Affaires étrangères de 1947 à 1953 : « Dans tous les ministères où il a passé, et à la présidence du gouvernement, il a donné l'impression d'un macaque demeuré, hydrocéphale, et qui aurait bien aimé que, pour le distraire pendant les conseils, on lui jetât une banane. »

Bref, l'accusation de bêtise est courante dans les joutes électorales, mais elle est aisément réversible, car on est toujours le con d'un autre.

Cependant, il existe peut-être des cas de *stupidité objective*, quand les responsables politiques, par leurs décisions ou par leur comportement, portent préjudice à leurs propres intérêts et se discréditent eux-mêmes. Aussi navrante que puisse parfois paraître la vie publique contemporaine, il existe dans l'histoire des niveaux difficiles à dépasser, en France et dans le monde. Des erreurs stratégiques les plus abyssales aux boulettes électorales les plus consternantes, on trouvera dans ce livre de véritables records.

Sait-on par exemple qu'un président du Liberia bourra tellement les urnes qu'il fut élu avec quinze fois plus de voix que d'électeurs inscrits ? Qu'un dictateur centraméricain déclencha une guerre pour un match de football ? Qu'un député sud-coréen bombarda d'excréments les membres de son gouvernement ? Qu'un Premier ministre néo-zélandais consulta un vétérinaire pour pouvoir certifier qu'il n'était pas un extraterrestre reptilien ? Que le Bundestag rendit hommage à un député allemand fictif ? Et qu'un député français siégea dix-sept ans au Palais-Bourbon sans avoir jamais vu sa circonscription ?

Comme le constatait Napoléon lui-même, « en politique, l'absurdité n'est jamais un obstacle ».

Les catastrophiques

En matière régalienne, la bêtise peut faire des ravages : pertes territoriales, ruine financière, invasion, guerre civile, tel est le bilan des plus grands nuls de la politique et de la diplomatie.

Lydie aussi

Crésus (VIe siècle av. J.-C.), roi de Lydie, riche des pépites du fleuve Pactole, disposait d'une bonne armée. Après avoir soumis les cités grecques voisines, il songeait à déclarer la guerre aux Perses, mais redoutait leur puissance.

Il consulta donc des oracles, et la Pythie de Delphes l'assura que, « s'il entreprenait la guerre contre les Perses, il détruirait un grand empire ». Il entra en campagne, sans imaginer que l'empire détruit pourrait être le sien.

Vaincu et fait prisonnier, il envoya ses fers à Delphes à titre de réclamation. « N'ayant ni saisi le sens de l'oracle ni fait interroger de nouveau le dieu, qu'il ne s'en prenne qu'à lui-même », répondirent les prêtres.

Échec au roi

Belkib (Ve siècle av. J.-C.), roi aux Indes, s'ennuyait dans son palais. Pour le divertir, le brahmane Sissa inventa le jeu des échecs, et le souverain, ravi, voulut le récompenser.

Sissa ne demanda qu'un peu de riz : un grain sur la première case de l'échiquier, deux sur la deuxième, quatre sur la troisième, huit sur la quatrième et ainsi de suite. Le roi, étonné d'une demande si modeste, l'accepta sans calculer que, l'échiquier comportant soixante-quatre cases, il faudrait 2^{63} = 18 446 744 073 709 551 615 grains, soit plusieurs siècles de la récolte mondiale de riz !

Vieux jeune

Galba (3-69), éphémère empereur romain de juin 68 à janvier 69, fut plusieurs fois mis en garde par un oracle qui lui prédisait une fin tragique, durant la guerre civile qui l'opposa à Othon. Mais Galba, préférant écouter les flatteurs qui louaient son éternelle jeunesse, déclara, à 65 ans : « Mon intrépidité n'a pas encore faibli. »

Quand le bruit courut qu'Othon avait été vaincu, il sortit de son palais pour se faire acclamer par le peuple. C'était une ruse : des cavaliers ennemis chargèrent et l'égorgèrent. Sa tête, tranchée, fut portée à Othon qui, bien vivant, la fit planter au bout d'une pique et promener autour de son camp aux cris de : « Eh bien, Galba, jouis donc de ta jeunesse ! »

À Khwarezm la puissance ?

Ala ad-Din Muhammad II (1169-1220), empereur du Khwarezm, en Asie centrale, a failli devenir l'un des souverains les plus puissants au monde. Monté sur le trône en 1200, il agrandit son empire au point d'être surnommé « le second Alexandre le Grand » et, en 1218, conclut un traité d'alliance avec le conquérant mongol Gengis Khan, qui partagea l'univers connu avec lui : Gengis serait maître de l'Orient et Ala ad-Din, maître de l'Occident.

Or, à peine le traité signé, Ala ad-Din attaqua une caravane mongole ; et quand Gengis Khan, incrédule, lui envoya trois ambassadeurs, il en fit tuer un et renvoya les deux autres le crâne tonsuré pour humilier le chef mongol. Celui-ci mobilisa sa formidable armée, prit Boukhara le 16 février 1220 et raya définitivement l'Empire khwarezmien de la carte.

FLNC Canal monarchique

Théodore de Neuhoff (1696-1756), aventurier, parvint en 1736 à se faire couronner roi de Corse sous le nom de Théodore Ier : il promulgua une constitution, battit monnaie, remporta des victoires sur les Génois.

En fédérant autour de lui les clans corses rivaux, il régna effectivement à l'intérieur de l'île.

Souffrant toutefois de ne pas être reconnu par les grandes monarchies d'Europe, il quitta l'île en vue d'hypothétiques alliances et mourut dans la misère à Londres. Le poète Horace Walpole lui consacra cette épitaphe : « La Tombe, enseignement suprême, rapproche les héros et les mendiants, les galériens et les rois ; mais Théodore, avant de mourir, connut sa morale. Le Destin déversa sa leçon sur sa tête vivante, lui accorda un royaume et lui refusa du pain. »

Bouillon gras

Charles-Godefroy de La Tour d'Auvergne (1706-1771), grand-chambellan de France, duc souverain de Bouillon, à la suite d'une transaction, voulut en 1738 récompenser son homme de loi, Claude-Henri Linotte, en lui attribuant une pension de 2 000 livres.

Celui-ci ne lui demanda que 1 000 livres, mais avec une clause de réversibilité à ses descendants. Le duc accepta en croyant faire une bonne affaire ; or la clause était si bien rédigée que la famille Linotte en bénéficie toujours en 2025 ! C'est la plus ancienne rente d'État encore servie au monde.

Saucé

Charles de Rohan, prince de Soubise (1715-1787), gouverneur des Flandres, était un protégé de la Pompadour, maîtresse du roi Louis XV. Il se révéla incapable de coordonner l'action de ses troupes durant la bataille de Rossbach, contre le roi de Prusse Frédéric II, dont les troupes étaient pourtant deux fois moins nombreuses que les siennes, le 5 novembre 1757 : la cavalerie, en se repliant, piétina les fantassins.

Par faveur royale, Soubise devint maréchal de France et ministre d'État. Une chanson attribuée à Voltaire l'immortalisa : « Soubise dit, la lanterne à la main,/J'ai beau chercher, où diable est mon armée ?/Elle était là pourtant hier matin./Me l'a-t-on prise, ou l'aurais-je égarée ?/Ah ! je perds tout, je suis un étourdi./Que vois-je, ciel ! Que mon âme est ravie !/Prodige heureux, La voilà ! La voilà !/Eh ventrebleu ! Qu'est-ce donc que cela ?/Je me trompais, c'est l'armée ennemie. »

Bradeur de l'Empire

François Barbé-Marbois (1745-1837), ministre du Trésor public, négocia la vente au gouvernement américain de l'ancienne Louisiane française, qui couvrait presque un quart de la superficie actuelle des États-Unis : 828 000 milles carrés, autrement dit 2 145 000 km^2. Ces territoires furent bradés pour 15 millions de dollars, ou 80 millions de francs – soit un euro l'hectare ! Cette mauvaise tractation n'empêcha pas Barbé-Marbois de devenir premier président de la Cour des comptes en 1807...

Il apparaît aujourd'hui que cette vente était illégale, Bonaparte ne pouvant céder un territoire français sans un vote des chambres du Parlement. Les actuels États américains du Missouri, de l'Iowa, de l'Oklahoma, du Kansas, du Nebraska, du Dakota du Sud, ainsi qu'une partie de la Louisiane, du Texas, du Nouveau-Mexique, du Colorado, du Wyoming, du Montana et du Dakota du Nord sont peut-être juridiquement français...

Alexandre II (1818-1881), tsar de Russie, accepta en 1867 de vendre l'Alaska aux États-Unis : pour un gain immédiat de 7 millions de dollars – environ 120 millions de dollars actuels pour 1 717 854 km^2, soit un peu moins de 70 cents l'hectare –, il priva son pays d'un territoire dont on vit plus tard qu'il regorgeait d'or, de pétrole et de gaz naturel, ainsi que d'une position stratégique sur le continent américain.

Véritable artisan de cette cession désastreuse, l'ambassadeur russe à Washington, Edouard de Stoeckl, toucha une commission si élevée qu'il vécut ensuite richement à Paris, en son hôtel particulier du boulevard Malesherbes, bien au chaud.

Bad boy

James Buchanan (1791-1868), 15e président des États-Unis, de 1857 à 1861, était un démocrate de Pennsylvanie qui, laissant pourrir l'opposition entre esclavagistes et abolitionnistes, a rendu la guerre de Sécession inévitable.

Une carte postale à son effigie fut éditée par ses adversaires, avec cette mention : « Il a été élu président par fraude et tromperie ! Sous son administration, le Trésor a été volé ! Duplicité et lâcheté ont marqué sa carrière ! Enfin, il a vendu son pays à une bande de conspirateurs du Sud, et vit maintenant pour être pointé du doigt du mépris, par tous les vrais hommes ! Et descendra dans sa tombe sans cérémonie. »

Pour avoir failli tuer l'Union, il est considéré comme le plus mauvais président de toute l'histoire des États-Unis, où son nom est devenu une injure politique.

Edmond Le Bœuf (1809-1888), général, aide de camp de Napoléon III, conseiller général de l'Orne de 1864 à 1871, sénateur en 1870, ministre de la Guerre de 1869 à 1870, s'illustra par cette déclaration enthousiaste quand éclata le conflit franco-prussien de 1870 : « Nous sommes prêts et archi-prêts. La guerre dût-elle durer deux ans, il ne manquerait pas un bouton de guêtre à nos soldats. »

Faute de cartes, de munitions adaptées aux armements et d'un service de contre-espionnage moderne, l'armée française fut écrasée en trois mois, l'empereur fait prisonnier, le pays occupé et contraint de verser une indemnité de 5 milliards à l'Allemagne, qui s'était unifiée autour de la Prusse. Mis à la retraite, Le Bœuf rumina sa défaite.

Crétin des Andes

Mariano Melgarejo (1820-1871), dictateur qui dirigea la Bolivie de 1864 à 1871, faisait danser nue sa compagne sur la table du Conseil des ministres.

Admirateur de Napoléon et ardent francophile, il entra en guerre contre la Prusse quand celle-ci envahit la France en 1870. Il mobilisa son armée et la conduisit à travers l'Altiplano avant de réaliser qu'il n'avait aucune frontière commune avec l'ennemi.

Dans une guerre précédente avec le Chili, il avait d'ailleurs perdu l'unique accès à la mer de son pays.

Carton rouge

Fidel Sánchez Hernández (1917-2003), président de la République du Salvador de 1967 à 1972, détestait son voisin le Honduras. Quand son équipe nationale de football remporta les éliminatoires de la Coupe du monde, il supporta mal que les supporters honduriens malmènent des Salvadoriens.

Le 14 juillet 1969, il envoya donc son aviation militaire bombarder le Honduras et envahit le pays. Il fallut l'intervention diplomatique des États-Unis et de l'Organisation des États américains (OEA) pour mettre fin à ce conflit absurde. En quatre jours, la « guerre du Football » causa plus de deux mille morts, près de quinze mille blessés et le déplacement de soixante mille civils.

Flower power

Palden Thondup Namgyal (1923-1982), roi du Sikkim, dans l'Himalaya, monta sur le trône en 1965.

Il était tombé éperdument amoureux d'une hippie américaine, Hope Cooke, rencontrée dans un bar d'hôtel à Darjeeling. Leur mariage choqua tellement la population traditionaliste du Sikkim qu'elle se révolta et, en 1975, vota l'abolition de la monarchie et le rattachement à l'Inde. Le Sikkim fut annexé séance tenante.

Les érotomanes

Le président Félix Faure expira pour avoir abusé des aphrodisiaques : quand le médecin demanda s'il avait « toujours sa connaissance », on lui répondit qu'elle était partie par la porte de derrière... Si la politique est aussi affaire de passion et de séduction, amour et pouvoir ne font pas toujours bon ménage.

Trouple à l'ordre public

Candaule (VIIIe siècle av. J.-C.), roi de Lydie, était tellement fier de sa femme qu'il la montra nue à l'un de ses conseillers, Gygès, qu'il avait caché dans la chambre nuptiale.

L'épouse, humiliée, fit semblant de n'avoir rien remarqué. Puis elle convoqua Gygès et lui donna le choix entre se faire arrêter ou tuer Candaule...

Candaule fut assassiné par Gygès, qui prit son trône et sa reine.

Tête couillonnée

Louis III (863-882), roi des Francs, avait à peine 16 ans lorsqu'il monta sur le trône, le 11 avril 879.

Avec toute la fougue de sa jeunesse, cet arrière-arrière-petit-fils de Charlemagne mit lui-même fin à son règne trois ans plus tard : poursuivant à cheval la jeune fille d'un certain Germond, qui s'enfuyait vers la maison de son père, il se fracassa le crâne contre le linteau d'une porte...

Bourreau des cœurs

Nicolas Martin du Nord (1790-1847), député de 1830 à 1847, plusieurs fois ministre, devint garde des Sceaux en 1840.

Le 15 janvier 1847, une ordonnance royale lui enleva le ministère de la Justice pour « raison de santé ». La rumeur publique attribua cette destitution à « certains faits scandaleux » auxquels il aurait pris part « dans une maison interlope ».

Le garde des Sceaux, homosexuel, s'était pris de passion pour le plus sulfureux de ses employés : le bourreau Henri-Clément Sanson. Or celui-ci, pour couvrir ses dettes de jeu, avait engagé la guillotine auprès d'un prêteur sur gages et, aux abois, aurait fait chanter son illustre amant. Déclaré mort le 12 mars 1847, officiellement d'une crise d'apoplexie, le ministre déchu s'est sans doute suicidé par crainte du scandale.

Con fiant

René Bérenger (1830-1915), député de la Drôme de 1871 à 1875, ministre des Travaux publics en 1873, sénateur inamovible à partir de 1875, consacra sa carrière à combattre la pornographie et la prostitution. Surnommé « le Père-la-Pudeur », il avait rassemblé pour les besoins de la cause une importante collection de revues et photos érotiques.

Le député radical Paul Meunier demanda à la consulter. Ravi de trouver un appui à gauche, le sénateur Bérenger la lui prêta. Malgré de multiples relances, il ne parvint jamais à la récupérer.

Con passé

Henri Dufaur de Gavardie (1823-1910), député royaliste de 1871 à 1875, sénateur de 1876 à 1888, proposa la création d'un Conseil supérieur des Beaux-Arts comportant plusieurs évêques pour combattre ce qu'il considérait comme « un fléau » : les impudiques statues décorant les jardins et monuments publics, « ces filles de marbre, les nymphes républicaines, puisqu'elles sont sans-culottes »...

Électueur

M. Richard (?-1910), maire d'Éraville (Charente), était bel homme, avec sa forte carrure et ses amples moustaches. Il entretenait sans discrétion une liaison passionnée avec l'épouse d'un de ses administrés, Henri Dallemagne. Celui-ci demanda le divorce, mais la jalousie le rongeait encore quand, aux législatives de 1910, il se rendit à l'unique bureau de vote du village, tenu par l'édile honni.

« Tandis que le maire s'apprêtait à glisser le bulletin dans l'urne, le meurtrier tirait soudain un revolver de sa poche et le déchargeait sur son rival », résuma le supplément illustré du *Petit Journal*. Le maire fut tué sur le coup ; l'assassin, en un temps où les tribunaux se montraient indulgents aux crimes passionnels, fut acquitté. Et le procès-verbal du scrutin, taché du sang du maire, est aujourd'hui conservé comme une relique aux archives communales.

Tromperie fatale

Pierre Chevallier (1909-1951), maire d'Orléans, député du Loiret, président du groupe de l'Union démocratique et socialiste de la Résistance (UDSR), fut nommé, le 11 août 1951, secrétaire d'État à l'Enseignement technique, à la Jeunesse et au Sport.

Membre du Gouvernement pour la première fois, il allait donc vivre à Paris, où il avait une maîtresse ; sa femme, prise d'une crise de jalousie, le tua le lendemain matin de cinq balles de revolver, sans lui laisser le temps d'assister à sa première inauguration.

Durant la dispute, l'épouse trompée aurait d'abord menacé de se suicider, s'attirant cette réponse du ministre : « Mais tue-toi ! C'est ce que tu auras fait de plus intelligent dans ta vie, mais attends que je ne sois plus là ! » Yvonne Chevallier fut acquittée par le jury.

Rafael Leónidas Trujillo Molina (1891-1961), président et dictateur de la République dominicaine de 1930 à sa mort, se considérait comme un grand séducteur. Pratiquant le droit de cuissage à une grande échelle, il fut surnommé « le Bouc ». Trujillo courtisait en particulier les stars hollywoodiennes : les cadeaux qu'il leur offrait dépassaient en valeur le montant de l'aide publique américaine à son pays.

Les sœurs Mirabal, pour avoir résisté à son charme, furent assassinées : la date anniversaire de ce crime, le 25 novembre, a été consacrée par l'ONU Journée internationale pour l'élimination de la violence à l'égard des femmes.

Maurice Dejean (1899-1982), commissaire national aux Affaires étrangères de la France libre de 1941 à 1942 puis ambassadeur, représenta la France à Moscou à partir de 1955. Marié, quinquagénaire, il ne trouva pas anormal qu'une jeune Soviétique tombe amoureuse de lui et l'invite chez elle. Ce fut l'amorce d'un chantage en réalité planifié par le KGB, qui utilisait des « hirondelles » pour séduire les Occidentaux.

Rappelé à Paris en 1960, l'ambassadeur s'attira cette remarque du général de Gaulle : « Alors, Dejean ? On couche ? »

Sans rancune, Maurice Dejean co-présida l'association France-URSS de 1973 à sa mort.

John Profumo (1915-2006), baron, député de Stratford-on-Avon à la Chambre des communes, membre du Conseil privé de Sa Majesté britannique et secrétaire d'État à la Guerre dans le gouvernement conservateur d'Harold Macmillan, rencontra en 1961 une jolie danseuse au bord de la piscine, lors d'une réception mondaine. Or la jeune Christine Keeler était aussi la maîtresse de l'attaché naval soviétique et pouvait rechercher du renseignement sur l'oreiller...

En 1963, l'affaire fuita dans la presse. Profumo démissionna, mais trop tard pour sauver son camp : les conservateurs, discrédités, furent largement battus aux législatives de 1964.

Gary Hart (né en 1936), sénateur démocrate du Colorado, avait raté de peu l'investiture de son parti à l'élection présidentielle de 1984. Il se déclara candidat à celle de 1988 et sembla s'imposer.

Or un journaliste du *Miami Herald* apprit que le favori des sondages avait passé une nuit avec une modèle de 29 ans, sur un yacht, en Floride. Marié, Gary Hart nia et commit l'erreur de défier les journalistes : « Vous n'avez qu'à me suivre, vous allez vous ennuyer ! »

Deux jours plus tard, la presse publiait la photo et l'identité de la jeune femme, Donna Rice. Hart s'effondra dans les sondages et dut mettre fin à sa campagne : 7 % des Américains lui reprochaient son infidélité, 69 % ses mensonges.

Robert W. Packwood (né en 1932), sénateur républicain de l'Oregon de 1969 à 1995, a été accusé à partir de 1992 de multiples abus sexuels sur des employées du Congrès et des lobbyistes. Après la parution d'un article dans le *Washington Post,* dix-neuf femmes se plaignirent de son comportement.

Or le sénateur tenait un journal intime, détaillant les événements de sa vie sexuelle. Incriminé sur la base de ses propres écrits, il aggrava son cas en détruisant les pages les plus salaces.

Il fut contraint de démissionner en 1995 et se reconvertit dans le lobbying...

Rien à cacher

Spencer Schlosnagle (né en 1943), conseiller municipal à 19 ans, maire de Friendsville à 21 ans et plus jeune maire de l'histoire du Maryland en 1964, a été constamment réélu depuis plus de soixante ans, malgré trois condamnations pour attentat à la pudeur.

Condamné pour s'être exhibé sur le parking d'un centre commercial le soir du Nouvel An de 1992, il a récidivé en conduisant le pantalon baissé, écopant de trente jours de prison et de trois ans de probation. En février 1994, le maire a encore été arrêté pour s'être masturbé au volant alors qu'il doublait un camion et attirait l'attention du routier.

L'élu a expliqué son penchant à l'exhibitionnisme par une agression sexuelle dont il fut victime à l'adolescence. En 2023, miss Maryland est venue poser à ses côtés et le maire s'est bien tenu.

Afrodisiaque

Le général Sani Abacha (1943-1998), dictateur du Nigéria, dirigea son pays d'une main de fer de 1993 à sa mort, le 8 juin 1998.

Officiellement, il périt d'une attaque. Mais cet accident cardiaque semble avoir eu pour cause un abus de Viagra, le chef de l'État ayant succombé aux caresses conjuguées de six courtisanes.

Ses partisans répliquèrent que l'une d'elles, travaillant pour l'opposition, lui aurait fourni une pilule empoisonnée...

Ligne dure

Robert Mabit se présenta en 2013 aux élections municipales à Magog (Canada), déclenchant bien malgré lui chez les internautes un grand concours de fausses affiches et de slogans : « Mabit vous aime », « Faites confiance à Mabit », « Mabit entrera partout »...

Il fut éclipsé plus tard dans l'Internet francophone par un candidat ivoirien, nommé Bandé.

Prise de position

Teres Kirpikli (née en 1967), candidate du Parti chrétien-démocrate suédois aux élections législatives de 2002, proposait que la télévision diffuse « pendant toute la journée, chaque samedi » des programmes érotico-pornos.

Estimant que la pornographie était la meilleure manière de doper la vie sexuelle des couples et la natalité, elle voyait dans cette mesure un moyen efficace de « stimuler la croissance démographique et, donc, économique ». Elle fut exclue de son parti.

Con génital

Anthony Weiner (né en 1964), élu démocrate de New York à la Chambre des représentants, échangeait sur Internet avec une jeune femme de l'Oregon. Par erreur, il utilisa sa messagerie officielle pour lui envoyer une photo suggestive de lui-même.

Contraint de démissionner, il se lança deux ans plus tard dans la course à la mairie de New York, mais récidiva, avec une mineure : ses photos et commentaires libertins lui valurent une condamnation à vingt et un mois de prison ferme et 10 000 dollars d'amende.

En examinant son ordinateur, la police découvrit des courriels diplomatiques normalement confidentiels d'Hillary Clinton, ce qui fit perdre à celle-ci l'élection présidentielle de 2016. Le pseudonyme de Weiner sur Internet parut bien choisi aux démocrates : Carlos Danger.

John Sewel (né en 1946), homme politique travailliste, fut nommé baron et devint en 2012 vice-président de la Chambre des lords.

Filmé en train de sniffer de la cocaïne avec des prostituées, il se plaignait de la modicité de son indemnité parlementaire qui ne lui permettait pas de dépenser plus dans ses débauches. Puis une photo le montra portant un soutien-gorge rouge sous un blouson de cuir.

Lord Sewel dut démissionner en 2015. « Je servirai mieux la Chambre des lords en la quittant », déclara celui que la presse avait surnommé « lord Coke ». Il présidait la commission de l'Immunité et de la Tenue, chargée de veiller aux règles de bonne conduite au Parlement.

William Wragg (né en 1987), député conservateur à la Chambre des communes, a échangé des photos dénudées avec un certain « Abi » sur un site de rencontre gay.

Le rendez-vous escompté n'eut pas lieu, mais le député, bientôt soumis au chantage de son correspondant, qui menaçait de publier les clichés, dut communiquer les numéros de téléphone personnels de plusieurs journalistes et de trois de ses collègues, dont un membre du gouvernement britannique !

L'affaire, révélée par le site Politico en avril 2024, obligea l'indiscret à démissionner le mois suivant.

Les excessifs

S'il est honorable d'avoir des convictions, certains les poussent à l'excès et en tirent des législations folles.

Mortel

Dracon (VIIe siècle av. J.-C.), législateur athénien, édicta un code d'une sévérité extrême, d'où nous vient l'adjectif « draconien ». L'orateur grec Démade disait que Dracon avait écrit ses lois « non avec de l'encre, mais avec du sang ».

En effet, toutes les fautes étaient punies de mort, y compris l'oisiveté ou le simple vol d'un fruit. D'après Plutarque, quand on demandait à Dracon pourquoi, il répondait : « J'ai cru que les moindres fautes méritaient cette peine, et n'en ai pas trouvé d'autres pour les plus grandes. »

Législation au cordeau

Charondas (?-476 av. J.-C.), législateur de plusieurs colonies grecques d'Italie méridionale, tenait à la stabilité de la loi.

Pour prévenir l'inflation des normes, il ordonna que nul ne se présente sur l'agora pour y proposer la réforme d'une loi « sans s'être mis lui-même la corde au cou qu'il y garderait jusqu'à ce que le peuple eût prononcé son jugement à l'égard de cette réforme : si on l'acceptait, le proposant serait dégagé aussitôt ; mais si le peuple jugeait le changement de la loi inutile ou dommageable, le réformateur serait étranglé sur le champ avec sa corde ».

Exemplarité

Le même **Charondas,** hostile à toute violence dans le débat public, fit proclamer que serait puni de mort quiconque se présenterait armé sur l'agora.

Revenant un jour de la campagne, il prit part à une discussion en oubliant qu'il portait une épée pour se défendre des voleurs de grand chemin. Un adversaire observa qu'il violait sa propre loi. « Au contraire, répondit-il, je prétends la confirmer. » Aussitôt, tirant son épée, il se l'enfonça dans le cœur.

Pas touche !

Marguerite-Élie Guadet (1755-1794), député de la Gironde à l'Assemblée nationale législative et à la Convention, était un ardent révolutionnaire qui considérait la Constitution de 1791 comme un chef-d'œuvre.

Pour sanctuariser cette conquête démocratique, il fit adopter la loi du 14 janvier 1792, « qui déclare infâme, traître à la Patrie et coupable du crime de lèse-nation » tout Français qui demanderait une modification de la Constitution... À la tribune, il avertit clairement ses concitoyens : « En un mot, marquons une place aux traîtres, et que cette place soit l'échafaud. *(On applaudit.)* »

Deux ans plus tard, il était lui-même désigné « ennemi de la Révolution » et fut guillotiné à Bordeaux le 2 messidor an II (20 juin 1794).

L'île de la déportation

Benoît-Louis Gouly (1753-1823), député de l'île de France (actuelle île Maurice) à la Convention, savait que le drapeau français flottait sur un territoire au sud de Madagascar : Fort-Dauphin, qu'il fit rebaptiser Fort de la Loi.

La République française ayant interdit la mendicité, le docteur Gouly fit adopter le décret du 11 brumaire an II (1er novembre 1793), en vertu duquel les mendiants « seront transportés à la partie du sud quart sud-est de l'île de Madagascar », pour apprendre à vivre de leur travail... « Le cochon sauvage, le gibier de toute espèce, le poisson y abondent et sont aussi bons, pour ne pas dire meilleurs qu'en France, assurait le tribun. Les bœufs, les cabris y prospèrent, et sont à très bas prix ; le climat en est sain et tempéré... »

Les Anglais s'emparant bientôt des colonies françaises, la loi resta lettre morte, et la République garda ses gueux.

Épuritain

André Jeanbon (1749-1813) fut pasteur et haut-fonctionnaire. « Il existe à Paris une classe d'individus qui, malgré la faiblesse de leur sexe, font beaucoup de mal à la République, déplora, le 5 septembre 1793, le conventionnel. Ils corrompent vos jeunes gens, et au lieu de les rendre vigoureux et dignes des anciens Spartiates, ils n'en font que des Sybarites, incapables de servir la liberté : je veux parler de ces femmes impudiques qui font un honteux trafic de leurs charmes. C'est une peste dans la société, et tout bon gouvernement devrait les bannir de son sein. Je demande que le Comité de salut public examine s'il ne serait pas utile d'étouffer ce germe de contre-révolution, en déportant au-delà des mers les femmes de mauvaise vie. » Mais cette vertueuse initiative est demeurée sans suite...

Tête froide

Pierre-François Gossin (1754-1794), député du tiers état aux états généraux, puis magistrat, était d'un légalisme extrême. Quand les Prussiens occupèrent la Meuse, il travailla sous leurs ordres : traduit devant le tribunal révolutionnaire pour trahison, il fut condamné à mort.

Le lendemain, dans la cour de la prison, il eut la chance d'être oublié dans l'appel des condamnés à mort. Respectant l'autorité de la chose jugée, il suivit la charrette à pied et monta de lui-même à l'échafaud.

Bernard de Saintes (1751-1818), dit « Pioche-Fer » pour la dureté de ses convictions, député de la Charente-Inférieure (actuelle Charente-Maritime) à la Convention, fut envoyé comme représentant du peuple en mission à Besançon. Là, il apprit que Montbéliard formait un comté autonome des princes de Wurtemberg enclavé en territoire français.

Le 10 octobre 1793, à la tête d'une colonne de cavalerie, il annexa ce territoire et y dressa une guillotine. Toute la noblesse locale ayant depuis longtemps fui Montbéliard, il fit décapiter ce qu'il trouva de plus aristocratique : un chat, qui avait traversé la place d'un pas hautain.

Louis Legendre (1752-1797), député de Paris à la Convention et au Conseil des Cinq-Cents, était un boucher au fort tempérament révolutionnaire qui vota la mort du roi.

On dit que la veille de l'exécution, il proposa à la tribune du Club des jacobins que le corps de l'ex-roi soit divisé en 84 morceaux, afin d'en envoyer un à chacun des 84 départements de la République.

Assagi sous le Directoire, il combattit les « buveurs de sang » qu'étaient selon lui ses anciens amis jacobins et entra au Conseil des Anciens, préfiguration du Sénat. Là, il suggéra que tous les ex-conventionnels soient expulsés de Paris – oubliant qu'il avait lui-même siégé à la Convention.

Dommages et intérêts

Jean-Baptiste Selves (1756-1823), député du Lot au Conseil des Cinq-Cents en 1797, magistrat, était procédurier à l'excès. Il intenta une centaine de procès contre les personnes avec lesquelles il était en relation, puis contre les hommes de loi concernés et les journalistes qui s'étaient moqués de lui.

L'un d'eux lui troussa cette épitaphe :
« Entêté jusqu'à l'agonie, il disputait contre la mort,
qui soudain lui trancha la vie pour lui prouver qu'il avait tort. »

Il mourut ruiné par ses frais de justice ; un dernier procès, contre son secrétaire, ne fut jugé qu'après sa mort.

La pendaison, papa

Louis Joseph Anne Marie Duplessis-Mauron de Grénédan (1767-1842), maire de Rennes (Ille-et-Vilaine) en 1792, maire de Saint-Avertin (Indre-et-Loire) sous l'Empire, député légitimiste de 1815 à 1816 et de 1820 à 1830, fit partie, après la chute de Napoléon, des ultra-royalistes qui voulaient effacer toute trace de la Révolution.

Il proposa donc de supprimer la guillotine, mais comme il était partisan de la peine de mort, son idée était de rétablir le gibet ainsi que les peines infamantes en usage sous l'Ancien Régime : « Heureux, dit-il, le peuple chez lequel la tache d'un seul crime se transmet de père en fils ! »

Loi de la jungle

José Gaspar Rodríguez de Francia (1766-1840) fut à l'origine de l'indépendance du Paraguay, dont il devint « Dictateur suprême » puis « Dictateur perpétuel » à partir de 1814. Cet admirateur de Robespierre, surnommé « l'Incorruptible de la Plata », mit en place un régime autarcique d'un républicanisme très strict.

Rêvant d'éradiquer la criminalité, Francia vida ses prisons et déporta l'ensemble des délinquants et prostituées dans le nord du pays, afin qu'ils y fondent une ville et se régénèrent. Étrangement, ils disparurent dans la nature, du côté de la frontière brésilienne.

Con damnable

Howard Felsher (1927-2018), candidat à l'investiture républicaine pour représenter la Californie à la Chambre des représentants, était un producteur de jeux télévisés très inventif. Pour combattre la délinquance, il voulait « quelque chose de nouveau » : il proposa que chaque jeune fasse un séjour en prison, préventivement, pour n'avoir aucune envie d'encourir un jour une peine. Il ne fut pas élu.

Ça la lui coupe

Oleg Perkov, candidat aux municipales à Zaporijjia, en Ukraine, en 2003, ne fut pas élu et obtint moins de cent voix. Affligé par ce score humiliant, il se castra.

Divine justice

Ernie Chambers (né en 1937), membre de la législature du Nebraska, a été l'un des très rares hommes politiques ouvertement athées aux États-Unis. En 2007, il intenta un procès à Dieu, pour avoir causé « la mort, la destruction et la terreur généralisées de millions et de millions d'habitants de la Terre ».

Le tribunal ne donna pas suite, car, Dieu n'ayant pas d'adresse postale, la citation à comparaître ne pouvait lui être remise. Chambers rappela vainement que Dieu, réputé omniscient, ne pouvait ignorer l'assignation.

Obstruction

Tommy Tuberville (né en 1954), sénateur républicain de l'Alabama depuis 2021, ancien entraîneur de football américain, a été traité de « sénateur le plus idiot des États-Unis ».

Durant sa campagne électorale, il avait surpris en se montrant incapable de citer les trois pouvoirs, exécutif, législatif et judiciaire.

Afin de protester contre le remboursement des frais de voyage des femmes enceintes dans l'armée américaine, lorsqu'elles se rendent dans un État autorisant l'avortement, ce militant *pro-life* a bloqué pendant un an toutes les promotions aux plus hauts grades de l'armée, tout sénateur ayant le droit d'exiger que chacune fasse l'objet d'un débat. Un général, contraint à une journée de dix-huit heures faute d'adjoint, a même fait un arrêt cardiaque.

« Xi Jinping doit adorer ça. Poutine aussi. À quel point peut-on être aussi con, mec ? » a tonné Dan Sullivan, sénateur républicain de l'Alaska.

Les maladroits

Les plus grands politiques ne sont pas à l'abri d'un faux pas. Il suffit d'un accès d'autoritarisme, d'une maladresse ou d'une mauvaise décision pour détruire une vie passée à conquérir le pouvoir.

Dur à avaler

Qin Shi Huang (v. 259-210 av. J.-C.), premier empereur de Chine, exigea d'un magicien qu'il lui cède ses pilules d'immortalité. En ingérant ces précieuses « perles rouges », il s'empoisonna au sulfure de mercure…

Popo

Constantin V (718-775), empereur d'Orient à partir de 741, avait mal commencé sa carrière puisqu'au moment de son baptême, il aurait déféqué dans les fonts baptismaux, ce qui lui valut le surnom de Copronyme (étymologiquement, « au nom d'excrément »).

Telle fut du moins la chronique rapportée par les moines byzantins, persécutés sous son règne. Le patriarche l'avait annoncé : « Cet enfant remplira l'Église de sa puanteur. »

Vraiment lourd

Frédéric Ier de Hohenstaufen, dit « Frédéric Barberousse » (1122-1190), empereur du Saint-Empire romain germanique à partir de 1152, partit pour la Troisième Croisade en 1188. En route vers la Palestine, il combattit les armées de Saladin en Anatolie.

Le 10 juin 1190, voulant se rafraîchir après la bataille, il se baigna dans le fleuve Göksu. Il oublia malheureusement d'enlever son armure, coula à pic et se noya.

Bas de plafond

Charles VIII (1470-1498), roi de France à partir de 1483, était tellement doux qu'il fut surnommé « l'Affable ». L'historien Philippe de Commines le considérait comme « inintelligent », et l'ambassadeur de Venise écrivit en latin qu'il valait peu physiquement et intellectuellement, « cependant il est loué par tous à Paris pour très bien jouer au ballon, à la chasse et à la joute ».

Pressé d'aller voir une partie jeu de paume, il se cogna violemment le crâne au linteau d'une porte, au château d'Amboise, et en mourut, le 7 avril 1498.

En marches

Humâyûn (1508-1556), empereur moghol, après une vie de batailles, revers et reconquêtes, se passionna pour l'astronomie et fit construire à Delhi une haute tour pour lui servir de bibliothèque et d'observatoire, le Sher Mandal.

Tiraillé entre l'étude des astres et les affaires de l'État, il descendit trop vite l'escalier de la tour et s'y fracassa le crâne.

À toute vapeur

William Huskisson (1770-1830), membre de la Chambre des communes à partir de 1793, secrétaire du Trésor en 1804 puis ministre, s'était opposé au duc de Wellington et avait quitté le gouvernement.

Désireux de se réconcilier avec le duc, il profita de l'inauguration de la première ligne de chemin de fer britannique pour marcher vers lui, le 15 septembre 1830, lors d'un arrêt en gare de Parkside. Il n'entendit pas le convoi redémarrer derrière lui et fut broyé par le Manchester-Liverpool.

Courant d'air

William Henry Harrison (1773-1841), 9e président des États-Unis, prononça un trop long discours au moment de sa prestation de serment, dans la froidure du 3 mars 1841. Il prit froid, et la pneumonie l'emporta le 4 avril suivant.

Premier président décédé en cours de mandat, il n'occupa la Maison-Blanche que 32 jours, 12 heures et 32 minutes. Le vice-président Tyler, qui lui succéda pour trois ans et onze mois, fut surnommé « Son Accidence ».

Drapeau blanc

Henri d'Artois, duc de Bordeaux, comte de Chambord (1820-1883), dernier descendant de Louis XIV en ligne directe, faillit monter sur le trône de France sous le nom d'Henri V en 1871 : après la chute du Second Empire et l'invasion prussienne, les Français élurent une Assemblée nationale en majorité monarchiste.

Problème : le prétendant exigea le rétablissement du drapeau blanc aux lys, au lieu du drapeau tricolore auquel tenaient les républicains, les bonapartistes, mais aussi une partie des monarchistes, les orléanistes.

Malgré les supplications des plus grands aristocrates français, le comte de Chambord ne changea pas d'avis, et son obstination fit échouer la restauration monarchique. La République se dota de lois constitutionnelles en 1875.

Jacques Victor Albert, duc de Broglie (1821-1901), député monarchiste de l'Eure de 1871 à 1875, sénateur de 1876 à 1885, plusieurs fois ministre, président du Conseil en 1877, a joué, sans s'en rendre compte, un rôle capital dans l'histoire de France le 30 janvier 1875.

Arrivant à l'Assemblée nationale, qui siégeait alors à Versailles, le duc tendit son parapluie à un petit homme vêtu de noir qu'il prit pour un domestique. C'était son collègue Jules Senard, député monarchiste comme lui, mais roturier. Vexé, Senard passa du côté des républicains et vota l'amendement Wallon qui visait à introduire le mot « République » dans la loi constitutionnelle. Or l'amendement fut adopté par 353 voix contre 352, soit à une voix de majorité, et la République supplanta définitivement la monarchie.

N'avouez jamais !

Charles Baïhaut (1843-1917), député républicain de la Haute-Saône de 1877 à 1893, sous-secrétaire d'État aux Travaux publics de 1882 à 1885, ministre en 1886, bénéficia, comme des dizaines de ses collègues, de versements importants pour favoriser la Compagnie du canal de Panama.

Quand le scandale éclata, l'opinion se déchaîna contre les « chéquards » et les « panamistes ». Demandant pardon à la République, Charles Baïhaut fut le seul parlementaire à avouer ; il fut ainsi le seul à partir en prison.

Feu divin

Amédée Pauwels (1864-1894), militant anarchiste belge immigré en France, décida de frapper le cléricalisme en déposant une bombe dans l'église de la Madeleine, à Paris, le 15 mars 1894.

Or celle-ci comportait une entrée coupe-froid formée de deux lourdes portes, dont l'une heurta malencontreusement l'engin artisanal, qui explosa dans le sas. L'anarchiste, seule victime de son attentat, survécut quelques instants – le temps de voir un prêtre accourir, l'absoudre et lui donner l'extrême-onction, honte suprême pour un anticlérical.

66 % d'augmentation !

Théodore Baudon (1848-1913), député radical-socialiste de l'Oise de 1897 à 1910, voyait que la hausse des prix avait rendu trop faible l'indemnité parlementaire, fixée à 9 000 francs annuels en 1848 et jamais réévaluée. Au lieu de l'augmenter sagement et progressivement, il fit voter en urgence, de nuit, une proposition de loi qui la porta à 15 000 francs, suscitant un scandale dans l'opinion.

Jusqu'à la fin de la IIIe République, les députés furent surnommés « les QM » ou « Quinze-Mille » par les antiparlementaires, qui se déclarèrent « antiquinzemillistes ». Baudon, jusqu'alors confortablement réélu, fut battu aux législatives de 1910.

Gonflant

Christopher Birdwood Thomson (1875-1930), membre de la Chambre des lords, secrétaire d'État à l'Aéronautique en 1924 et en 1929, défendit un ambitieux programme de dirigeables géants, capables d'assurer des liaisons intercontinentales.

Le 4 octobre 1930, dans le dessein secret d'être nommé vice-roi des Indes, il monta à bord du R101, le fleuron de sa flotte, pour rallier d'une traite Londres à Karachi. Les techniciens auraient voulu procéder à divers réglages et vérifications, mais l'ambitieux, impatienté, donna l'ordre de décoller.

Le soir même, le R101 s'écrasait en France, près de Beauvais, mettant fin à la carrière du ministre trop pressé.

Mauvais choix

André Ray (1890-1970), député radical-socialiste de l'Isère, fut le dernier parlementaire de la IIIe République puisque, à la suite du décès du député local, il fut élu le 6 août 1939.

Onze mois plus tard, la République s'effondrait sous le coup de l'invasion allemande ; pour son seul vote important, André Ray choisit, le 10 juillet 1940, de voter les pleins pouvoirs au maréchal Pétain, ce qui l'empêcha de poursuivre sa carrière après la guerre.

Con pâtissant

Klement Gottwald (1896-1953), président de la République socialiste de Tchécoslovaquie après le « coup de Prague » de 1948, était un communiste pur et dur, qui devait son ascension à Staline.

À la mort du Petit Père des peuples, en 1953, il se rendit à Moscou pour assister aux grandioses funérailles au cours desquelles des millions de camarades défilèrent, des heures durant, dans le froid.

Le 14 mars, de retour à Prague, il succombait à une pneumonie.

Con fondu

Péter Vályi (1919-1973), ministre des Finances de l'ex-République populaire de Hongrie en 1967, vice-président du Conseil des ministres en 1971, membre du Comité central du Parti communiste hongrois, était ingénieur chimiste de formation.

Afin de mettre en valeur les réalisations industrielles du régime, il visita, le 15 septembre 1973, le combinat sidérurgique Lénine de Miskolc. La journée se finissait et, pressé, sûr de lui, le ministre s'affranchit des règles de sécurité ordinaires.

Trébuchant sur une passerelle, il tomba droit dans un creuset empli de fonte incandescente, où il se volatilisa en un instant dans une pâte à sept cents degrés.

La charge de la fonction

José Sanjurjo (1872-1936), général putschiste espagnol, vivait en exil au Portugal quand, le 30 juillet 1936, la rébellion nationaliste l'appela à devenir le nouveau chef de l'État.

Pour cette grande occasion, il emporta une lourde malle pleine de ses plus beaux uniformes, armes d'apparat et nombreuses décorations : surchargé, le petit biplan qui devait le ramener en Espagne s'écrasa en bout de piste, tuant l'aspirant caudillo qui laissa ainsi la place à Franco.

Langage châtié

Jacques Gandouin (1920-2003), préfet soucieux des bonnes manières, se fit connaître en publiant en 1972 son *Guide du protocole et des usages*, ouvrage préfacé par le duc de Brissac et couronné par l'Académie française. Le « Gandouin » devint le livre de référence pour tous les diplomates et chefs de cabinet en matière protocolaire.

Resté préfet, l'auteur fut confronté en 1975 à une prise d'otages. Au malfrat qui refusait de se rendre, il lança : « Où que tu ailles, tu te feras piquer, eh con ! » Il fut suspendu par le ministre de l'Intérieur pour cette parole grossière.

Faux et usage de faux

Franco Frattini (1957-2022), député Forza Italia du Trentin–Haut-Adige à partir de 1996, commissaire européen de 2004 à 2008, ministre italien des Affaires étrangères de 2008 à 2011, se rendit en Chine à la tête d'une délégation de l'Union européenne pour un sommet international visant à combattre la contrefaçon. Il fut remarqué par des journalistes en train d'acheter une fausse Rolex.

À la tire

Spartak Poçi (né en 1949), ministre de l'Ordre public en Albanie, choisit, le 22 décembre 1999, de se rendre en voiture à une visite officielle en Grèce, les deux pays étant voisins.

Au poste-frontière de Krystallopigi, les appareils de contrôle récemment installés à l'entrée de l'espace Schengen sonnèrent : les douaniers constatèrent que le ministre roulait dans une Mercedes volée en Italie et eurent obligation de la confisquer. Il fallut envoyer un véhicule pour conduire l'invité à Athènes, d'où il rentra en avion.

Il est devenu, depuis, ministre des Transports.

Tricoteuse

Judith Tizard (née en 1956), députée travailliste au Parlement de Nouvelle-Zélande de 1990 à 2008, plusieurs fois ministre, s'ennuyait tant sur le banc du gouvernement qu'en 2002, pendant les discours des députés de l'opposition, elle sortit de son sac des pelotes de laine et deux aiguilles, pour tricoter.

Jugeant son attitude irrespectueuse, les députés protestèrent auprès du président ; le tricot fut interdit aux ministres, mais resta autorisé sur les bancs des simples députés.

Douglas Couvertier (né en 1946), capitaine de pompiers, se présenta aux municipales de Southwest Ranches (Floride), en 2000. Ce fut en cours de campagne qu'il apprit la règle selon laquelle les fonctionnaires élus devaient prendre un congé exceptionnel ou démissionner. Il voulut retirer sa candidature, mais, à une semaine du scrutin, les listes n'étaient plus modifiables, et soixante-quatre électeurs par correspondance l'avaient déjà choisi.

Il fit donc campagne pour supplier ses concitoyens de ne surtout pas l'élire ! « Si je gagne, je perds mon job », geignit-il dans la presse locale. Seuls ses ennemis votèrent pour lui. Il ne fut pas élu et attendit la retraite pour songer à la politique.

Les malchanceux

Un aristocrate à qui Talleyrand confiait une ambassade en fut touché : « Je vous remercie, Excellence, car dans ma vie, je n'ai jamais eu de chance », dit-il. Le ministre déchira immédiatement l'acte de nomination, considérant qu'en politique, on n'a pas le droit d'être malchanceux.

Retardataire

Louis-Marie Bertrand (1760-?), premier député de l'île Bourbon (aujourd'hui La Réunion), mit tant de temps à traverser l'océan Indien et l'Atlantique que, lorsqu'il arriva à Versailles, l'Assemblée nationale constituante issue des états généraux n'existait déjà plus... Par charité, il fut admis à siéger dans l'assemblée suivante, la Législative, car elle n'était élue que pour un an et il n'avait pas le temps de faire l'aller-retour pour se faire réélire.

Sénatorium

Louis Jean-Marie Daubenton (1716-1800), célèbre naturaliste, premier directeur du Muséum d'Histoire naturelle, fut nommé par Bonaparte au Sénat conservateur.

Le 4 nivôse an VIII (25 décembre 1799), sous le coup de l'émotion après un repas trop plantureux, il fut pris d'une crise d'apoplexie le jour même de la rentrée parlementaire et expira après quatre jours d'agonie, dans la nuit du 31 décembre 1799 au 1er janvier 1800. C'est encore de nos jours le record du plus bref mandat sénatorial.

Daubenton retrouva ainsi le Muséum d'Histoire naturelle : son corps est enterré dans le parc et son cerveau est conservé dans un bocal.

Cocu du suffrage universel

Jean-Baptiste Lamiral, sonneur de cloches à Paris, se faisait appeler « Lamiral de la Seine ».

En 1848, aux premières élections législatives au suffrage universel, il se présenta sur cet unique argument : « J'ai été trop malheureux en ménage pour ne pas être heureux en politique. » Il ne fut pas élu.

Jean-Philippe Schmit (1790-1865), candidat républicain aux législatives de 1848 dans le département de la Seine, fut élu à l'Assemblée nationale constituante. Fonctionnaire et homme de lettres, il avait préféré se dire « ouvrier porcelainier » pour mieux séduire l'électorat populaire.

C'était compter sans la présence parmi les candidats d'un autre Schmit, réellement ouvrier : l'Assemblée, considérant qu'il pouvait y avoir eu confusion, annula l'élection à l'unanimité, le lendemain de la rentrée parlementaire.

La scoumoune

Adrien Dariac (1868-1949), député républicain modéré de l'Orne de 1904 à 1940, fut victime de l'instabilité gouvernementale sous la IIIe République : nommé ministre de l'Agriculture le 9 juin 1914, il eut à peine le temps de prendre ses fonctions, le cabinet Ribot tombant au bout de quatre jours.

Douze ans plus tard, Dariac redevenait ministre, des Colonies cette fois, dans le cabinet Herriot du 19 juillet 1926 – renversé le surlendemain… Sa présence ne semblant pas porter bonheur, aucun président du Conseil ne fit plus appel à lui. Au total, sur trente-six années de mandat, il ne passa que six jours au gouvernement.

Merci pour ce moment

Camille Perfetti (1875-1956), député radical de la Haute-Marne de 1928 à 1940, ne fut qu'une seule fois ministre, chargé des Pensions au sein du cabinet Bouisson : investi le 4 juin 1935 vers seize heures, ce gouvernement fut renversé le jour même à vingt heures vingt.

Pour quatre heures et vingt minutes aux affaires, le député Perfetti n'en fit pas moins graver la mention « Ancien ministre » sur son papier à en-tête.

Adolphe Pédebidou (1854-1925), député républicain des Hautes-Pyrénées de 1893 à 1900, puis sénateur jusqu'à sa mort, fit, en dépit d'un nom difficile à porter, une belle carrière parlementaire.

Consciencieux, il partit à Paris le 25 mars 1925 pour prendre part à la discussion budgétaire, mais le train dérailla et tomba dans le Clain, rivière proche de Poitiers.

Il est le seul parlementaire de l'histoire mort noyé en chemin de fer.

Faux numéro

Charles Meunier (1869-1956), député indépendant des Côtes-du-Nord (actuelles Côtes-d'Armor) de 1913 à 1919, sénateur de 1931 à 1939, se faisait appeler Meunier-Surcouf pour rappeler qu'il descendait de l'illustre corsaire malouin.

Cette coquetterie lui coûta le ministère de la Marine dans le gouvernement du Front populaire, en 1936 : Léon Blum pensait à lui et avait son nom sur le bout de la langue, mais ne le retrouvait plus. Il demanda à son secrétariat de téléphoner à « ce sénateur breton au nom composé, qui s'intéresse aux questions maritimes ». Au lieu de Meunier-Surcouf, on appela son collègue Gasnier-Duparc, sénateur-maire de Saint-Malo, qui accepta le ministère.

C'est ballot

Herbert L. Connolly (1922-1995), membre démocrate du Conseil exécutif du Massachusetts à partir de 1969, perdit son siège en 1988, à une voix près.

Faisant campagne jusqu'à la fin du scrutin, il s'était présenté trop tard à son bureau de vote qui avait fermé et il n'avait pu voter.

Brian Donohoe (né en 1948), député travailliste à la Chambre des communes de 1992 à 2015, fut appelé de la part de Tony Blair après la victoire de la gauche, en 1997, pour devenir le nouveau ministre de l'Agriculture du Royaume-Uni.

Il s'enthousiasma au téléphone, mais son fort accent écossais fit comprendre qu'il y avait eu erreur et le Premier ministre raccrocha. Il nomma son presque homonyme Brian Donoughue au portefeuille de l'Agriculture.

Battu aux législatives de 2015 et un peu amer, Donohoe trouva ce motif de consolation : « Je suis d'un âge où je peux maintenant me retourner avec le plus grand plaisir et dire aux gens d'aller se faire foutre ! »

Mieux vaut tard que jamais

Noël M. Cariño (né en 1954), homme d'affaires, candidat à la Chambre des représentants des Philippines en 2001, vit son élection contestée en raison d'un grand nombre de bulletins litigieux.

Les opérations de contrôle durèrent si longtemps qu'il ne fut proclamé élu par la Cour suprême que près de trois ans plus tard – et deux jours avant la fin de la législature. Il prêta serment le lendemain, siégea une journée et, renonçant à retourner aux urnes, abandonna la politique.

Les navrants

Futiles, incompétents, corrompus, lamentables : panorama des responsables politiques les plus pitoyables de l'histoire.

Claude (10 av. J.-C.-54), empereur romain de l'an 41 à sa mort, était très méprisé avant son avènement. Il s'endormait après les repas, et Suétone rapporte qu'il servait alors de cible : « On lui jetait des noyaux d'olives et de dattes, ou bien des bouffons se faisaient un jeu d'interrompre son sommeil avec une férule ou un fouet. Quand il ronflait, ils lui mettaient des chaussures de femme dans les mains, afin qu'il s'en frottât le visage en se réveillant en sursaut. »

Sa propre mère, Antonia, l'appelait « une ombre d'homme, un avorton, une ébauche de la nature ». Lorsqu'elle voulait parler d'un imbécile, elle disait : « Il est plus bête que mon fils Claude. »

Rome n'est plus dans Rome

Le même **Claude**, écrit Suétone, « portait l'oubli de lui-même, dans ses paroles et dans ses actions, au point que souvent il paraissait ne savoir qui il était, ni avec qui, ni dans quel temps et en quel lieu il parlait ». Un jour, il s'écria en plein Sénat : « Qui de vous, je vous prie, pourrait se passer de potage ? »

Après avoir fait exécuter Messaline, sa femme, il demanda en se mettant à table pourquoi l'impératrice ne venait pas. Il invitait à dîner des personnalités qu'il avait condamnées à mort la veille et se plaignait de leur retard.

Il adopta Néron, fils de sa seconde épouse Agrippine : tous deux prirent le pouvoir en lui faisant servir un plat de champignons toxiques.

Mets le turbot !

Domitien (51-96), empereur romain de l'an 81 à sa mort, s'enfermait chaque jour pendant une heure pour jouer à attraper des mouches.

Il régnait despotiquement, réduisant à presque rien les pouvoirs et prérogatives du Sénat. Le poète satirique Juvénal raconte qu'un pêcheur lui ayant remis un turbot gigantesque, il réunit les sénateurs dans le seul but de déterminer la meilleure façon de cuisiner ce poisson.

RTT

Clovis II (635-657), roi des Francs de Neustrie et de Burgondie de 639 à sa mort, monta sur le trône à l'âge de 4 ans. Dépouillé de tout pouvoir par les maires du palais, marié sans son accord à une simple esclave, il devint fou : en 655, ayant demandé à voir la sépulture de saint Denis, il cassa le bras de la dépouille et s'enfuit avec. Il fut enfermé dans un monastère où il mourut à 22 ans.

Il fut le premier des « rois fainéants », non par paresse, mais parce qu'il avait « fait néant » durant son règne.

Beau métier

Thierry III (654-691), fils du précédent, roi des Francs de Neustrie en 673 et de 675 à 679, roi de tous les Francs de 679 à sa mort, pardonna au maire du palais qui l'avait fait détrôner en 673 et lui confia le gouvernement de ses États.

Il était l'un de ces « rois fainéants » dont le chroniqueur Erchambert écrivit : « Selon qu'il avait été établi, on leur donnait une abondante nourriture et on exerçait sur eux une perpétuelle surveillance, de peur qu'ils ne fissent quelque acte de pouvoir. »

Selon Sigebert de Gembloux, « ces rois ne régnaient que de nom ; c'était leur usage de remplir le rang que leur donnait leur naissance, mais de ne rien faire ou résoudre, sinon de manger et de boire déraisonnablement, de demeurer en leur maison, de présider aux assemblées des calendes de mai, en face de toute la nation, de saluer et d'être salué, de recevoir et de rendre des présents »...

Une crème, ce roi

Adolphe-Frédéric de Holstein-Eutin (1710-1771), roi de Suède et grand-duc de Finlande de 1751 à sa mort, ayant été dépossédé de tout pouvoir par le Parlement, se concentra sur sa collection de tabatières et ses ripailles.

Le 12 février 1771, après s'être gavé de homard, de caviar, de choucroute et de hareng fumé, le tout arrosé de champagne, il se régala de *semlas*, brioches fourrées à la crème. Il reprit quatorze fois du dessert et en creva.

Lamourette passagère

Antoine-Adrien Lamourette (1742-1794), père lazariste, évêque constitutionnel de Lyon et député de l'ancien département de Rhône-et-Loire de 1791 à sa mort, réussit par son discours du 7 juillet 1792 à susciter une embrassade générale à l'Assemblée législative. Il ne comprit pas que cette effusion n'était qu'une ruse, si bien que l'expression « baiser Lamourette » désigne depuis une réconciliation sans lendemain.

Exécuté sous la Terreur, Lamourette avait rassuré ses codétenus : « La guillotine, leur dit-il, ce n'est qu'une chiquenaude sur le cou. »

Jacteur de l'histoire

Pierre Louis Bentabole (1756-1798), député du Bas-Rhin à la Convention et au Conseil des Cinq-Cents, était un avocat de province qui parlait beaucoup, mais très mal, en multipliant les formules ampoulées et les fautes de français. Pour désigner cette manière de s'exprimer par logorrhée laborieuse, ses collègues formèrent sur son nom le verbe « bentaboliser ».

Chabotin

François Chabot (1756-1794), moine défroqué devenu député du Loir-et-Cher à la Législative et à la Convention, était un démagogue révolutionnaire qui siégeait en tenue débraillée, pour se montrer proche du peuple. Ce fut lui qui forgea l'expression « sans-culotte ».

En fait, il s'était vendu aux financiers autrichiens Frey, ayant même épousé leur sœur richement dotée. Il devait acheter d'autres élus, mais, trop avide, préféra garder pour lui tout l'argent destiné à corrompre : isolé, dénoncé, il partit à la guillotine le 5 avril 1794.

Sinécure

Benoît Decomberousse (1754-1841), député aux États du Dauphiné, membre de la Convention en 1795, membre puis président du Conseil des Anciens, qui préfigurait le Sénat sous le Directoire, végéta à partir de 1800 comme simple membre du Bureau de consultation et de révision des lois.

Pour s'occuper, il passa onze ans à transcrire en alexandrins les 2 281 articles du Code civil...

Il faut ce Maret

Hugues-Bernard Maret, duc de Bassano (1763-1839), administrateur et diplomate, devint ministre des Relations extérieures en 1811 et pair de France en 1831. Ce gratte-papier ambitieux, qui obtint un duché dans la noblesse d'Empire, affligeait Talleyrand, qui disait : « Je ne connais au monde qu'un homme plus bête que M. Maret, c'est Son Excellence le duc de Bassano... »

Napoléon lui doit ses pires erreurs de politique étrangère, dont l'invasion de l'Espagne et le refus d'un traité par lequel les puissances européennes acceptaient en 1813 de garantir la sécurité de la France en lui cédant toute la rive gauche du Rhin. L'Empereur réalisa trop tard son erreur et tomba dans l'année qui suivit.

« On a exagéré nos pertes, persiflait Talleyrand après la retraite de Russie. On annonçait que tout le matériel était perdu. Et voici qu'on apprend le retour du duc de Bassano... »

La créance est ouverte

Le même **Hugues-Bernard Maret** fit un retour remarqué à 66 ans, sous la monarchie de Juillet, Louis-Philippe Ier ayant fait appel à lui pour former un gouvernement, le 10 novembre 1834.

Couvert de dettes, il était à peine nommé président du Conseil que ses créanciers pratiquèrent une série de saisies-arrêts sur son traitement ! Ses ministres démissionnèrent le 13 novembre, sans même le prévenir, mettant ainsi fin à son « ministère des Trois-Jours ».

Misérable

Louis-Jacques Thénard (1777-1857), député monarchiste de 1827 à 1831, fut fait baron et devint ainsi membre de la Chambre des pairs jusqu'à la suppression de celle-ci en 1848. Chimiste et industriel, très âpre au gain, le baron Thénard s'opposa à tout progrès social et, en particulier, à toute limitation du travail des enfants.

Son collègue Victor Hugo le trouva tellement infect qu'en écrivant *Les Misérables*, il s'inspira de lui pour créer et nommer les Thénardier, persécuteurs de Cosette.

S'affiche du monde

Le citoyen Battur, dont on ne sait pas grand-chose, se porta candidat aux législatives de 1848 à Paris. Son programme était des plus vagues, mais il stupéfia ses contemporains par le nombre d'affiches qu'il fit apposer, en tous lieux. On apprit par la presse qu'il en avait fait coller jusque sur les pyramides d'Égypte.

Aristocratie ouvrière

Joseph Aubril, inventeur et perruquier, se présenta aux élections législatives de 1849 en Seine-et-Oise avec une proposition originale : le droit à la particule pour tous ! « Déclarons [...] que toute la nation française est ennoblie », proclama-t-il, « puisque je prétends que c'est la fierté qui fait lacune chez les populations ouvrières... »

Malgré cette mesure alléchante, qui élevait les classes laborieuses sans rien coûter au budget de l'État, il ne fut pas élu.

Parité bien ordonnée

Adolphe Bertron (1804-1887), riche industriel aux idées humanitaires, fut, à partir de 1848, candidat à toutes les élections, se transportant partout en France chaque fois qu'un siège se libérait. On le surnomma « le candidat-omnibus ».

Il se présentait sous l'étiquette du « candidat humain », tous ses adversaires étant donc « inhumains »... Il plafonna comme conseiller municipal à Sceaux.

Favorable au suffrage féminin, il avait imaginé de résoudre la question par le bicamérisme : une Chambre basse d'élus masculins élus par les hommes et « le Sénat exclusivement composé de femmes élues par les Françaises »...

Dupin rassis

André Dupin (1783-1865), avocat élu treize fois député entre 1815 et 1851, était « la personnification la plus expressive et la plus vraie du bourgeois », selon son collègue le vicomte de Cormenin.

Il est resté dans l'histoire comme le président de l'Assemblée nationale qui laissa Louis-Napoléon Bonaparte s'emparer du Palais-Bourbon lors du coup d'État du 2 décembre 1851 : « Nous avons le droit, c'est évident, mais ces messieurs ont la force ; partons », déclara-t-il – pur renversement de la formule de Mirabeau sur la volonté du peuple s'opposant à la force des baïonnettes. « M. Dupin est une honte incomparable », a écrit Victor Hugo dans *Histoire d'un crime*.

En récompense de sa passivité, Dupin fut nommé sénateur sous le Second Empire. Il refusa de donner suite à une pétition visant à combattre la prostitution, jugeant que celle-ci avait pour cause « le luxe effréné des femmes ».

Croquignolet

Mathieu Boube (?-1874), candidat aux législatives en Haute-Garonne sous le Second Empire, était boulanger de profession. Il utilisait ses panneaux d'affichage pour la publicité gratuite de gâteaux de son invention, des croquants à la farine de maïs auxquels il prêtait des vertus curatives : « Rien ne peut être comparé à mes croquants pour le bien qu'ils font dans les organes, quand ils sont consommés avec méthode. C'est le seul et unique remède pour faire dissoudre le gravier de la vessie, raffermir la vue, guérir la goutte, le mal des pieds, le mal de la matrice, les maladies de la moelle, les battements de cœur et autres affections de la thérapeutique. »

Le remède à tous vos maux

Marcellin Gobert, ancien portier, se porta candidat à Belleville sans étiquette politique, dans le seul but de faire connaître au public ses dons de guérisseur.

Poursuivi pour exercice illégal de la science médicale, il promettait aux électeurs « la mise en jugement de l'abominable directeur de l'Académie de médecine ». Le candidat finit au bagne de Brest.

La fièvre du pouvoir

Edme Patrice de Mac-Mahon, duc de Magenta (1808-1893), maréchal de France, sénateur, gouverneur de l'Algérie qui fit échouer le projet de « royaume arabe » mûri par Napoléon III, fut porté par les royalistes à la présidence de la République en 1873, pour préparer une restauration monarchique qui avorta. Par sa raideur, il renforça en effet le sentiment républicain et, après une dissolution ratée de la Chambre des députés en 1877, dut se démettre de ses fonctions en 1879, un an avant la fin de son septennat.

Victor Hugo le compara au Britannique George Monk, qui restaura la monarchie après Cromwell : « Tant de fois vaincu/Es-tu donc avide de gloire/Au point de jouer dans l'histoire/Le rôle que Monk eut ? »

Mac-Mahon est surtout resté célèbre pour sa visite aux inondés du Sud-Ouest, en 1875. Devant des villes dévastées, il ne trouva que ce commentaire : « Que d'eau... Que d'eau !... » Le préfet ne put que lui répondre : « Et encore, Monsieur le Président, vous n'en voyez que le dessus !... »

Comme le chef de l'État le disait lui-même : « La fièvre typhoïde est une maladie terrible : ou on en meurt, ou on en reste idiot. J'en sais quelque chose : je l'ai eue. »

Zoologie parlementaire

Charles Duclerc (1812-1888), député des Landes puis des Basses-Pyrénées (actuelles Pyrénées-Atlantiques), plusieurs fois ministre, sénateur inamovible à partir de 1875, fut nommé président du Conseil à l'issue d'une crise ministérielle en 1882.

Cherchant un équilibre entre les différentes nuances républicaines tout en évitant de faire appel aux personnalités les plus connues, il composa son gouvernement sans se rendre compte que plusieurs de ses ministres portaient un nom d'animal : Hérisson, Labuze, Duvaux, Varambon...

Son éphémère gouvernement fut surnommé « la Ménagerie ».

Un aigle

Justin Labuze (1847-1914), député radical de la Haute-Vienne de 1878 à 1885, devint en 1882 sous-secrétaire d'État aux Finances dans « la Ménagerie », puis dans le cabinet de Jules Ferry.

Le 25 septembre 1882, il adressa aux préfets une circulaire demandant des renseignements sur tous les employés de son ressort, y compris sur leurs opinions politiques et leur vie privée. La « circulaire Labuze » fit scandale et son auteur fut battu aux législatives de 1885.

Hippolyte de Lorgeril (1811-1888), élu en 1871 député royaliste des Côtes-du-Nord (actuelles Côtes-d'Armor), proposa un impôt original : une taxe de deux francs sur les chapeaux de luxe, dits haut-de-forme. « Cette taxe sera perçue au moyen d'un timbre spécial, collé d'une manière visible au fond de tous les chapeaux soumis à la taxe », prévoyait-il.

« Voilà un véritable impôt de capitation ! » répliqua un collègue, soulevant l'hilarité des parlementaires, qui ne donnèrent pas suite à la proposition.

Toutefois, des taxes sur les chapeaux ont bel et bien existé en Angleterre et au Canada.

Rayonnant

Un certain **Heim** fut candidat aux municipales de 1887 dans le quartier parisien de la Monnaie, pour dénoncer la persécution dont il s'estimait victime : « Je suis ce Français effroyablement et étrangement malheureux que nombre de personnes ont vu passer portant autour de la tête et même autour du corps des espèces de vapeurs, de buées, se détachant sur l'air, sur l'atmosphère. Ces vapeurs, ces buées, sont le résultat, la marque, le flagrant délit constamment renouvelé d'un état de communication électromagnétique à grande distance sous lequel je succombe depuis quatre ans... »

Portant des vêtements très amples pour se protéger de ce fluide néfaste, il appelait à l'aide les électeurs : « Si vous votez pour moi, par votre vote, vous protesterez contre la sinistre horreur de la communication électromagnétique à grande distance... »

Ce précurseur de l'électrosensibilité ne fut pas élu et mourut peu après le scrutin.

Royal !

Childéric XXVI, de son vrai nom Blindeux, présenta sa « candidature mérovingienne » aux législatives de 1885 et de 1889 à Boulogne-sur-Mer (Pas-de-Calais).

Au lieu de distribuer ses tracts, il proposait aux passants de les lui acheter… Il ne fut pas élu.

Autocentré

Désiré Guillemare (1820-1904), fondateur de Saint-Ouen-sur-Iton (Orne), dont il fut maire pendant plus d'un demi-siècle, de 1852 à sa mort, obligea les habitants à construire des cheminées en tire-bouchon pour laisser une trace dans l'histoire.

Il fit aussi bâtir, de son vivant, un phare en pleine terre portant sa statue en bronze grandeur nature.

Il offrait une casquette à chaque enfant du village, afin que tous puissent le saluer chaque fois qu'ils le croisaient.

Joseph Taix (1832-?), cultivateur, fut le dernier maire de Chaudun, petite commune rurale des Hautes-Alpes. Le froid et l'isolement y rendaient la vie si dure et la population si misérable que la municipalité en tira une conclusion radicale : il fallait mettre fin à la commune en vendant toutes les terres à l'État !

Ce qui fut fait le 6 août 1895 : les quarante propriétaires chaudunois se partagèrent 186 000 francs, avant d'émigrer en Algérie ou en Amérique. Joseph Taix, pour sa part, obtint 8 227 francs ; mais il n'était plus maire à l'issue de la transaction, qui eut pour effet de rattacher le territoire de Chaudun à la commune de Gap.

Repu-blicain

Adrien Muller (1824-1900), maire de Champagnole (Jura), fut invité comme tous ses homologues de France au banquet des maires du 22 septembre 1900 : le plus grand repas de tous les temps, auquel prirent part 22 995 maires autour du président de la République, Émile Loubet.

Après les hors-d'œuvre – concombres, olives, saucisson et beurre – suivirent les darnes de saumon glacées à la parisienne, le filet de bœuf en Bellevue, les pains de canetons de Rouen, les poulardes de Bresse rôties, les ballotines de faisan Saint-Hubert, les fromages, les glaces, les entremets et les fruits : tout cela arrosé de Haut-Sauternes, de Margaux 1887, de champagne Montebello, de Fine Champagne et de rhum. Afin que les maires repartent contents, les instructions transmises aux serveurs étaient claires : « Ordre est donné de repasser les plats et de "forcer" sur les vins. »

À 76 ans, Adrien Muller ripailla comme un jeune homme. Le 25 septembre 1900, on le trouva mort dans sa chambre d'hôtel.

Trompettes de la renommée

Amédée Couesnon (1850-1931), député radical de l'Aisne de 1907 à 1919, devint vite la vedette de la buvette parlementaire, où ses collègues jouaient à qui lui ferait dire les plus grosses âneries. On forgea sur son nom le mot de « couesnonnades » pour les désigner. Dans l'hémicycle, en douze ans de mandat, Amédée Couesnon ne s'exprima en revanche que sur un seul sujet : les fanfares militaires. Il était fabricant d'instruments de musique en cuivre.

La gueule de l'autre

Antonin Dubost (1844-1921), maire de La Tour-du-Pin, président du conseil général de l'Isère, député radical de 1880 à 1897 puis sénateur, garde des Sceaux de 1893 à 1894, président du Sénat à partir de 1906, se porta candidat à la présidence de la République en 1913.

À l'époque, le chef de l'État était élu par les parlementaires. Dubost avait donc ses chances, mais Clemenceau et ses amis radicaux ne le prenaient pas au sérieux. Abordant le Tigre dans les couloirs du Sénat, il protesta :

« Je crois bien que je suis votre candidat à l'Élysée. Mais vous avez une drôle de façon de me soutenir. Vous dites à tout le monde que je ne suis qu'un imbécile. Je ne suis cependant pas plus bête qu'un autre.

– Où est l'autre ? » répondit Clemenceau en regardant à droite et à gauche.

Antonin Dubost renonça à sa candidature.

« Ça ? Rien... »

Ferdinand Sarrien (1840-1915), député de Saône-et-Loire de 1876 à 1908 puis sénateur, fut cinq fois ministre avant d'accéder à la présidence du Conseil, le 14 mars 1906.

Il reçut chez lui les futurs membres de son gouvernement, pour un apéritif.

« Qu'est-ce que vous prendrez ? demanda-t-il en accueillant Clemenceau.

– L'Intérieur ! » répondit le leader radical.

Comme l'expliquait volontiers le Tigre : « Il est bon parfois de trouver une bonne borne pour attacher le char de l'État. » Il lui prit d'ailleurs sa place sept mois plus tard, le président du Conseil s'étant retiré « pour raison de santé ». Clemenceau l'appelait : « Ça ? Rien... »

Couleur politique

Convert, obscur militant radical, fut immortalisé par un mot de Clemenceau, qu'il avait assailli à l'issue d'une réunion publique :

« Monsieur le Président, monsieur le Président... Vous ne vous souvenez pas de moi ?

— Si, bien sûr. Rappelez-moi votre nom.

— Convert.

— Excusez-moi, cher ami, c'est la couleur qui ne me revenait pas... »

Chacun son tour

Le citoyen Pépain, dit « Pépain de l'Orne », se présenta dans ce département aux législatives de 1906, sous l'étiquette nouvelle de « candidat fonctionnariste ». Son mot d'ordre était simple : « Tout le monde fonctionnaire ! »

Dans ce but, il avait mis au point un grand tableau de roulement, « de façon à ce que chacun soit tour à tour appelé à exercer, pendant un temps égal, toutes les fonctions. Tout Français, majeur, et jouissant de ses droits politiques, doit, avant de mourir, avoir été, ne fût-ce qu'une demi-heure, président de la République, et grand officier de la Légion d'honneur. »

Les électeurs, manquant d'ambition, ne lui accordèrent qu'un nombre infime de voix.

Chambres des députés

Fénelon Hégo (1849-1912), ouvrier matelassier quelque peu dérangé, fut présenté par quelques plaisantins aux législatives de 1902, 1906 et 1910, dans le XVIIIe arrondissement de Paris, sous le nom de « Fénelon Hégo Ier, roi honoraire du Congo, candidat inamovible ».

Ses partisans étaient bien sûr les « hégoïstes » et proposaient « le prolongement du chemin de fer de ceinture » ainsi que la suppression de l'indemnité parlementaire : « Les Élus n'ayant aucune fortune personnelle auraient le droit, pour assurer leur existence, à un repas et à une nuit de sommeil chez chaque électeur marié pendant la durée de leur mandat »...

En même temps

Le même Fénelon Hégo voulait que chaque ouvrier soit augmenté de deux francs par jour, « mais, ajouta-t-il confidentiellement durant une réunion électorale, je ne veux pas en dire plus long, car alors les patrons ne voteraient pas pour moi ».

Paul Thierry-Delanoue (1943-1927), maire de Soulaines-Dhuys (Aube), conseiller général, député républicain progressiste de 1889 à 1919, était propriétaire terrien et éleveur de daims.

Célibataire, il ne voulait pas laisser son chien seul chez lui les jours de séance. Or les députés, à cette époque, n'avaient pas de bureaux au Palais-Bourbon, mais de hautes armoires qu'on partageait à deux et qui servaient de vestiaire. Il y enfermait son chien durant les débats.

Rapporteur

Louis Turmel (1866-1919), maire de Loudéac, conseiller général, député radical des Côtes-du-Nord (actuelles Côtes-d'Armor) de 1910 à sa mort, défraya la chronique en 1917. Il s'était vendu à l'Allemagne, prenant en sténographie les séances en comité secret pour en livrer le compte rendu à l'ennemi, mais l'espion amateur se trahit lui-même en laissant traîner 25 000 francs suisses en espèces dans une armoire qu'il partageait avec un collègue !

Emprisonné, il reçut la visite du président de la Chambre des députés et menaça de divulguer « une liste de cinquante députés qui en ont fait autant ». Il fut retrouvé mort dans sa cellule de Fresnes, officiellement d'une cirrhose…

Dans sa circonscription, son corbillard fut sifflé par la population.

Compte Klotz

Louis-Lucien Klotz (1868-1930), député radical de la Somme de 1898 à 1925 puis sénateur, président du conseil général de la Somme, ministre de l'Intérieur en 1913, fut cinq fois ministre des Finances. Il émit trois chèques sans provision d'un montant total de 160 000 francs pour tenter de couvrir ses dettes de jeu. Arrêté, condamné, il dut démissionner de tous ses mandats en 1928.

Il avait créé la direction du Budget ! Mais Clemenceau regretta d'avoir nommé ministre des Finances « le seul juif qui n'entende rien aux questions d'argent ».

Fait comme un rat

Edmond Toussaint (1849-1931), député socialiste de la Seine de 1893 à 1898, était un révolutionnaire collectiviste, favorable à « l'acheminement vers une société communiste ».

Dans sa vieillesse, enrichi par sa pension d'ancien parlementaire, il versa dans une avarice sordide, sortant vêtu de haillons pour puiser ses repas dans les poubelles des voisins. Pour ne pas remplacer un tuyau de gaz vétuste, il le rafistola lui-même avec de vieux chiffons et mourut asphyxié.

Con pétant

Laurent Bonnevay (1870-1957), conseiller général du Rhône, député républicain progressiste de 1902 à 1924 et de 1928 à 1940, sénateur de 1924 à 1927, membre de l'Assemblée consultative provisoire de 1944 à 1945, fut accusé par son collègue royaliste Léon Daudet d'un comportement très déloyal dans l'hémicycle : « Il pétait, tantôt sournoisement, tantôt avec bruit, toujours de la façon la plus odoriférante », assura le polémiste, évoquant « ces gaz nauséeux, qui flottaient pendant de longues minutes, comme des écharpes de bayadères, et sur lesquels nous soufflions, afin de les diriger vers la gauche »...

Maire d'un jour

Louis-Régis Rome dit « Romette », clochard connu comme ramasseur de mégots au Puy-en-Velay (Haute-Loire), fut en 1911 élu conseiller municipal puis maire par les royalistes, pour humilier la République.

Le préfet reçut le nouveau maire avec les honneurs dus à son rang, lui offrit un magnifique repas tel que le malheureux n'en avait jamais avalé et surtout bien arrosé : fin saoul, Romette signa sans barguigner la lettre de démission préparée par la préfecture.

Idiot utile

Charles Marest (1880-?), candidat aux élections législatives de 1910 à Paris, était un pauvre domestique à moitié demeuré, qui n'aurait jamais eu l'idée de se présenter sans sa patronne, la comédienne féministe Marguerite Durand.

Celle-ci aurait voulu être candidate, mais les Françaises n'ayant pas le droit de vote ni l'éligibilité à l'époque, elle organisa en signe de protestation la campagne de Charles Marest, dit « le candidat idiot ». Elle l'exhiba cruellement, en vue de dénoncer l'absurdité d'un système qui excluait des urnes les femmes instruites tout en donnant la citoyenneté à un crétin congénital. « Le sujet, dit-elle, est incapable de rien comprendre. Il est même amusé de se trouver là. Qu'il serve au moins de leçon de choses... »

Charles Marest n'obtint qu'une poignée de voix et réintégra le calme de la vie privée.

Candidat potache

Paul Duconnaud (1852-?), qui s'appelait en réalité Brugeail, avait été ainsi surnommé par les étudiants du Quartier latin à cause de sa très mince intelligence. C'était un simple d'esprit qui vendait des bouquets de fleurs aux terrasses des cafés. Il fut porté candidat aux législatives de 1928 pour chahuter le député-maire sortant, Raoul Brandon, qui s'était rendu impopulaire en supprimant des toilettes publiques gratuites.

« Le Quartier latin doit pisser au Quartier latin », clamaient les membres du comité Duconnaud. Brandon se disant « architecte-paysagiste », leur candidat fut déclaré « ingénieur-pépiniériste ».

Son comité proposa de transférer les catacombes en banlieue et de repousser la fin du mois... « Ce n'est pas que je compte beaucoup être élu, mais ça fait de la réclame pour mes roses », s'excusait le candidat.

Il n'eut que 69 voix sur 4 733 suffrages exprimés, mais les étudiants le firent se désister au second tour en faveur du sortant, pour afficher partout : « Voter Brandon, c'est encore voter Duconnaud ! »

Warren G. Harding (1865-1923), sénateur républicain de l'Ohio, 29e président des États-Unis, avait été élu avec le soutien des grandes compagnies pétrolières, à qui il avait caché avoir séjourné en hôpital psychiatrique dans sa jeunesse.

Sous sa présidence, à partir de 1921, ses amis du « gang de l'Ohio » mirent les finances du pays sous coupe réglée, tandis que le président versait de l'argent à une ancienne maîtresse qui menaçait de révéler leur relation adultère.

Pour restaurer son image, il entreprit une grande tournée à travers le pays : premier président des États-Unis à visiter l'Alaska, il y prit froid et en mourut avant la fin de son mandat.

Pas d'abstention !

Charles Dunbar Burgess King (1875-1961), élu président du Liberia en 1920, fut triomphalement réélu en 1927 : il avait tellement bourré les urnes qu'il recueillit 234 000 voix pour 15 000 inscrits, soit quinze fois le nombre maximum de bulletins. Avec un taux de participation de 1 660 %, il figure au *Livre Guinness des records* comme le plus grand truqueur d'élection de l'histoire.

Son rival malheureux, Thomas Faulkner, n'en réussit pas moins à le faire tomber en dévoilant à la face du monde que le Liberia, pays fondé pour libérer les anciens esclaves d'Amérique, pratiquait le travail forcé sur les Noirs africains. Une enquête de la Société des Nations suscita un tel tollé que Charles D. B. King dut démissionner en 1930.

Obsédé

Henri Falcoz (1884-1936), maire de Saint-Jean-de-Maurienne, député radical de Savoie de 1924 à 1936, sous-secrétaire d'État aux Travaux publics en 1930, dut démissionner du gouvernement pour un scandale financier, mais conserva son siège de député.

Hélas, il récidiva en se livrant à un trafic d'influence en faveur de la construction d'un quartier réservé de six mille prostituées à Marrakech.

Battu en 1936, discrédité, le député proxénète périt percuté par une voiture au bois de Boulogne.

Paul Démarais (1872-1945), pharmacien, inventeur et conseiller municipal à Honfleur, publiait un journal revendicatif : « À vous les écrasés de la Nation, je viens dire que je ne veux pas que l'on vous marche sur le pied », proclamait-il.

En 1939, quand les parlementaires se réunirent à Versailles pour élire le président de la République, il vint sur place se porter candidat, escorté de quatre partisans. Inspectant sa voiture, la police y saisit quatre cannes à pêche prolongées de bistouris : les piques de ces nouveaux sans-culottes... Le candidat termina sa campagne au poste, puis sa carrière à l'hôpital psychiatrique.

Lebrun de fantaisie

Albert Lebrun (1871-1950), député « républicain de gauche » de Meurthe-et-Moselle de 1900 à 1920, sénateur de 1920 à 1932, plusieurs fois ministre, fut élu président de la République en 1932 et réélu en 1939 pour un second septennat, ce qui portait théoriquement son mandat jusqu'en 1946.

Complètement dépassé par les événements en 1940, prisonnier des Allemands et essentiellement passif sous l'Occupation, il consterna le général de Gaulle quand, à la Libération, il osa lui demander de le réinstaller à l'Élysée pour terminer sa présidence...

Dans ses *Mémoires de guerre*, le Général conclut : « Au fond, comme chef d'État, deux choses lui avaient manqué : qu'il fût un chef, qu'il y ait eu un État. »

Tout en muscles

Achille Starace (1889-1945), député fasciste, secrétaire du Parti national fasciste et président du Comité olympique national italien, a laissé le souvenir d'une bêtise confondante. À un dignitaire qui traitait Starace de crétin, Mussolini répondit : « Un crétin, oui, mais obéissant... »

Un jour, arrivant en retard à un congrès médical, Starace invoqua pour excuse son heure quotidienne de cheval et déclara devant un parterre de professeurs : « Faites de la gymnastique et pas de la médecine.

Abandonnez les livres et pratiquez l'équitation ! »

Le 28 avril 1945, à Milan, alors que Mussolini venait d'être lynché et pendu par les pieds, Starace sortit faire son footing quotidien comme si de rien n'était. Reconnu et rattrapé par un groupe de partisans, il périt fusillé devant le corps de son cher Duce.

Comte débiteur

Antoine Chalvet Bauny, comte de Récy (1913-1999), ancien officier, blessé en 1940, deux fois évadé, résistant au sein des « commandos de France », fut élu député gaulliste du Pas-de-Calais en 1946.

Cet homme d'action s'ennuyait en temps de paix. Avec ses complices, il pilla la trésorerie générale de son département et falsifia les bons du Trésor volés. En juillet 1949, le vol fut découvert, mais le comte essaya tout de même de négocier un million en bons du Trésor aux guichets de la Banque de France... L'assassinat du percepteur d'Arras puis l'envoi de menaces de mort à la juge d'instruction n'arrangèrent pas son cas : il fut condamné à dix ans de travaux forcés.

Il était membre de la Haute Cour de justice, chargée de juger les ministres.

Passé con... promettant

Georges-Louis Mathieu (1897-1967), du 26 août au 5 septembre 1944, fut très brièvement secrétaire général du ministère des Communications, au sein du Gouvernement provisoire de la République française présidé par le général de Gaulle.

Il ne put faire oublier que vingt et un ans plus tôt, en 1923, étudiant au Quartier latin, il y avait fondé un mystérieux parti Congressiste Ouvrier National, pour le seul plaisir d'afficher : « Votez CON. »

Tous ensemble !

Raymond Depriester, inventeur et cultivateur, conseiller municipal à Fontaine-le-Bourg (Seine-Inférieure, actuelle Seine-Maritime), fut plusieurs fois candidat aux législatives pour promouvoir son système compliqué de démocratie directe, le « synthésisme pyramidal rationnel ».

Dans sa dernière tentative, à l'occasion d'une élection législative complémentaire en 1952, il veut réconcilier les Français en promettant, « s'il est élu, de prendre comme collaborateurs tous les candidats des deux tours »... En vain.

Peu affûté

René Ribière (1922-1998), député gaulliste du Val-d'Oise de 1958 à 1973, petit-fils d'un député radical qui s'était battu en duel sous la IIIe République, voulut se montrer à la hauteur de son grand-père. Gaston Defferre, député-maire socialiste de Marseille, lui ayant lancé « Taisez-vous, abruti ! » lors de la rentrée parlementaire de 1967, il lui en demanda publiquement réparation par les armes…

Or René Ribière n'avait aucune notion d'escrime ! Il prit en urgence une leçon à la salle d'armes du Palais-Bourbon avant de retrouver son adversaire, épéiste accompli, qui n'eut pas de mal à le blesser au bras.

Ce dernier duel parlementaire eut lieu la veille du mariage de Ribière : « Si j'avais su, je l'aurais touché autre part », ricana Defferre.

Magnétique

Richard Nixon (1913-1994), représentant puis sénateur républicain de Californie, 37e président des États-Unis, fut très contesté durant la guerre du Vietnam.

Méfiant, il avait renforcé le système d'écoute et d'enregistrement de la Maison-Blanche, de manière à conserver une trace de tous ses entretiens. Quand il fut impliqué dans l'affaire du Watergate, ces *Nixon records* devinrent des preuves contre lui ! Pour avoir tenté de soustraire certaines bandes magnétiques à la justice, il encourut une procédure de destitution qu'il dut anticiper en démissionnant.

Réenchanter la politique

Maurice Mercante (1924-?), ancien entraîneur de chevaux, souhaita se présenter à l'élection présidentielle française de 1981 et envoya dans ce but son programme mirifique à tous les maires de France.

Se voulant « le paladin de la joie de vivre », il proposait la traction hippomobile en ville, la semaine des trente-sept heures et une semaine supplémentaire de congés payés – à condition de la prendre l'hiver dans les montagnes de France, car c'est bon pour la santé et cela ferait des économies pour la Sécurité sociale.

Il souhaitait installer la présidence de la République au château de Versailles « plutôt que dans le morne palais de l'Élysée ». En effet, « Louis XIV était trop ambitieux, je ne garderai de lui que son goût du faste », prévenait-il, non sans préciser : « Ma politique sera surtout antipolitique. »

Il n'obtint, hélas, point les parrainages nécessaires pour concourir au scrutin.

Emploi réservé

Le même **Maurice Mercante** se présenta aux législatives de 1993 dans le IXe arrondissement de Paris. Soucieux de sécurité, il préconisait l'enseignement du karaté aux forces de police et l'attribution d'un talkie-walkie à chaque personne âgée, pour alerter le commissariat en cas d'agression.

Promettant le plein-emploi, il prévoyait cependant de conserver symboliquement un oisif rétribué par l'État « pour que les mots *chômeur* et *chômage* ne disparaissent pas de la langue française »...

Cette belle idée lui valut tout de même 143 voix sur 34 135 suffrages exprimés, soit 0,43 % des suffrages.

Une flèche

Tuila'épa Lupesoliai Neoti Aino Sa'ilele Malielegaoi (né en 1945), leader du Parti pour la Sauvegarde des droits de l'Homme et Premier ministre des îles Samoa de 1998 à 2021, est un économiste musclé qui, considérant les pauvres comme de simples paresseux, nia l'existence de toute pauvreté dans son archipel.

Champion de tir à l'arc, il représenta son pays aux Jeux du Pacifique, mais confia à la presse qu'il s'imaginait tirer sur les membres de l'opposition parlementaire quand il s'entraînait.

Quand il perdit les élections législatives, en 2021, il fit fermer le Parlement pour empêcher la nouvelle Première ministre de prêter serment. Celle-ci organisa la cérémonie en plein air, sur la pelouse du bâtiment parlementaire.

Les brutes

Certains sont bêtes au sens étymologique du terme, c'est-à-dire primaires, animaux, bestiaux. La violence politique tend alors vers le fait-divers.

Le duc de Choiseul-Praslin (1805-1847), député de Seine-et-Marne de 1839 à 1842, nommé pair de France en 1845, assassina sa femme de trente coups de couteau, le 17 août 1847. Elle était mère de neuf enfants.

Le duc tenta de faire croire au crime d'un rôdeur. La police s'aperçut qu'il avait une relation adultère avec sa gouvernante, Mlle Deluzy. Arrêté, il se suicida par empoisonnement, mais le peuple supposa qu'un complot lui avait permis de partir à l'étranger sous un faux nom.

Mise au poing

Pierre Bonaparte (1815-1881), neveu de Napoléon, député de la Corse de 1848 à 1851, déjà condamné à mort pour viol et meurtre en Italie dans sa jeunesse, tua un passant dans une altercation à New York. À l'Assemblée nationale, il supporta mal que son collègue républicain André Gastier lise un article sévère pour la mémoire de l'Empereur. Le traitant de « vieil imbécile », il se retourna et frappa violemment au visage ce député âgé de 70 ans.

Poursuivi en justice, il menaça l'avocat de Gastier : « Cessez ce système de dénigrement, ou il vous arrivera ce qui est arrivé à votre client. »

De pire Empire

Le même **Pierre Bonaparte**, recevant le 10 janvier 1870 la visite de deux témoins d'un adversaire républicain qui venaient organiser un duel, fit feu sur eux : il tua le jeune journaliste Victor Noir, ce qui discrédita considérablement le Second Empire.

Véritable tueur en série de la famille Bonaparte, il fut enterré au cimetière des Gonards, où allèrent aussi les assassins guillotinés à Versailles, dont Landru.

Le colonel John Wilson (?-1865), député du comté de Clark et premier président de la Chambre des représentants de l'Arkansas, inaugura celle-ci en se bagarrant avec son opposant Joseph J. Anthony, qui défendait un amendement offensant pour lui. Il le tua d'un coup de couteau, le 4 décembre 1837. Depuis, le bâtiment parlementaire passe pour hanté.

Acquitté pour « homicide excusable », Wilson offrit une tournée générale sous les fenêtres des parents de sa victime.

Yes we canne

Preston Brooks (1819-1857), représentant démocrate de la Caroline du Sud, était un planteur esclavagiste. Le 22 mai 1856, dans les locaux du Congrès des États-Unis, il agressa à coups de canne le sénateur républicain Charles Sumner, qui avait prononcé un discours contre l'esclavage et s'était moqué d'un de ses cousins : Brooks frappa Sumner si violemment que sa canne à pommeau d'or se brisa. Sumner mit trois ans à se remettre de son traumatisme crânien avant de reparaître au Sénat, où son siège vide devint le symbole de la barbarie sudiste.

La partie supérieure de la canne est aujourd'hui conservée à l'Old State House Museum de Boston. Les autres morceaux furent montés en bijoux par les partisans esclavagistes de Brooks.

Chambré

Ernest Constans (1833-1913), député républicain de la Haute-Garonne de 1876 à 1889, sénateur de 1890 à 1906, ministre de l'Intérieur en 1880 et de 1889 à 1892, avait créé dans sa jeunesse une entreprise d'assainissement, ce qui lui valut le surnom de « Constans le vidangeur ».

Le 19 janvier 1892, insulté à la Chambre par le député nationaliste Francis Laur, le ministre de l'Intérieur se leva quand l'orateur descendit de la tribune et lui cassa la figure en plein hémicycle.

Par la barbichette

Jean Mattis (1874-?), garçon de café royaliste, croisa le 25 décembre 1908 le président de la République Armand Fallières, qui aimait se promener à pied en dehors du palais de l'Élysée. « Inspiré par Dieu », Mattis fonça sur le chef de l'État et lui tira la barbichette.

Immédiatement arrêté, il se défendit en ces termes : « Je croyais qu'on avait le droit. » Il fut condamné à quatre ans de prison.

Les yeux de la tête

Ante Pavelić (1889-1959), « Poglavnic » ou Guide suprême de l'État croate indépendant de 1941 à 1945, allié de Hitler et de Mussolini, était le chef des oustachis, c'est-à-dire des nationalistes croates catholiques. Détestant aussi bien les orthodoxes serbes que les juifs et les musulmans, il élimina en quatre ans plus de 10 % de sa propre population.

Dans son bureau, l'écrivain Curzio Malaparte fut étonné d'apercevoir une bourriche d'huîtres : « C'est un cadeau de mes fidèles oustachis ; ce sont vingt kilos d'yeux humains », s'amusa Pavelić.

Débat assommant

Mohamed Bentaïeb (1901-1982), élu en 1946 député d'Alger sur la liste musulmane d'Action démocratique et sociale, fut un député actif et passionné.

Le 21 mars 1951, dans un débat sur le mode de scrutin des élections législatives toutes proches, il goûta peu l'ironie de son collègue François Quilici : celui-ci l'ayant assuré qu'avec la nouvelle loi électorale, il n'avait aucune chance d'être réélu, l'ancien gendarme Bentaïeb traversa l'hémicycle et lui asséna un coup de poing si fort que Quilici en tomba, assommé.

Aux législatives de 1951, Bentaïeb ne fit que 3,2 % et perdit effectivement son siège.

Melo dramatique

Arnon de Melo (1911-1983), sénateur démocrate-chrétien d'Alagoas de 1963 à 1981, au Brésil, vint armé à la séance du 4 décembre 1963, son collègue et rival Silvestre Péricles l'ayant menacé de mort. Quand celui-ci vint dans sa direction, il lui tira dessus dans l'hémicycle et le blessa.

Le sénateur José Kairala, qui tenta de s'interposer, fut tué sur le coup, sous les yeux de sa femme et de ses enfants, qu'il avait invités dans les galeries du public.

Arnon de Melo fut acquitté pour légitime défense. Son fils, Fernando Collor de Mello, est devenu président du Brésil en 1990.

Homme de cabinet

Kim Du-han (1918-1972), gangster sud-coréen dont les talents avaient servi à éliminer physiquement plusieurs militants communistes, devint député libéral à l'Assemblée nationale de Corée du Sud de 1950 à 1954 et fut réélu en 1965.

Dans la séance du 22 septembre 1966, lors d'une interpellation suscitée par un scandale de contrebande de saccharine, il jeta des excréments sur les membres du gouvernement.

Emprisonné pour ce geste, il démissionna de son mandat, mettant fin à sa carrière politique.

Japhet Ekidor (?-2002), ministre de la Terre au Kenya, entra en conflit avec le député Dansom Ekuam au sujet de la présidence d'une œuvre de charité.

Au cours d'une réunion publique à Turkana, en 1994, ils en vinrent aux mains : dans la bagarre, Dansom Ekuam l'ayant mordu au bras, Japhet Elidor lui arracha un morceau d'oreille avec les dents.

Il périt assassiné huit ans plus tard.

Bain de foule

Gabriel Kagombe, député de la circonscription de Gatundu Sud, au Kenya, participait avec ses partisans à la cérémonie destinée à lancer la construction d'un nouveau marché dans la ville de Thika, quand une dispute l'opposa à un groupe politique rival. Le ton monta au point que plusieurs députés et gardes du corps dégainèrent leur arme à feu et qu'une fusillade s'ensuivit, blessant plusieurs personnes et provoquant la mort d'un jeune chauffeur de moto-taxi qui passait par là. L'expertise balistique établit que la balle perdue provenait du pistolet de Gabriel Kagombe, qui fut arrêté après onze jours de cavale.

L'Abkhaze en moins

Adgur Kharazia (né en 1959), maire de Soukhoumi de 2014 à 2019, ancien ministre de l'Agriculture d'Abkhazie, député et vice-président de l'Assemblée du peuple, n'était pas d'accord avec son collègue Kvarchia sur le projet de loi visant à interdire le minage de cryptomonnaie.

Le député Golandzia voulut arbitrer leur différend, mais, le 19 décembre 2024, Adgur Kharazia ouvrit le feu en séance : il tua Golandzia d'une balle en pleine tête, blessa Kvarchia au bras et s'enfuit.

Les incultes

Au Congrès des États-Unis, sollicités par la presse au sujet des violences commises par le gouvernement de Freedonia, plusieurs parlementaires élevèrent de solennelles protestations. Ils ignoraient que ce pays n'existait que dans un film des Marx Brothers, *La Soupe au canard*. Nuls en lettres, histoire et géographie, nombreux furent les élus du peuple à montrer qu'ils ne devaient leur siège qu'à leur charisme.

Victor t'as tort

Hippolyte de Lorgeril (1811-1888), élu en 1871 député royaliste des Côtes-du-Nord (actuelles Côtes-d'Armor), était aussi un poète raté, qui avait échoué à imposer le vers de quatorze syllabes. Il détestait donc doublement son collègue Victor Hugo, prince de l'alexandrin et républicain.

Le 8 mars 1871, le vicomte de Lorgeril s'illustra par cette interruption extraordinaire : « L'Assemblée refuse la parole à M. Victor Hugo, parce qu'il ne parle pas français ! » Le compte rendu de séance rapporte aussi les réactions de l'Assemblée nationale : « Oh ! oh ! – Rumeurs confuses. »

Lorgeril n'en fut pas moins élu sénateur inamovible en 1875, pour son malheur, puisqu'il se retrouva pendant dix ans en face de Victor Hugo, devenu sénateur, qui siégeait à l'extrême gauche.

Pas de danse

Casimir Michou (1823-1901), député radical de l'Aube de 1881 à 1898, considérait les subventions artistiques comme des dépenses inutiles et tonnait contre les danseuses de l'Opéra : « Et quand nous voyons les malheureux cultivateurs, les artisans, les ouvriers des mines, suer sang et eau pour se procurer le pain et les choses les plus nécessaires à la vie, je me demande si les sueurs qu'ils jettent ainsi sur le sol pour féconder leur travail ne sont pas plus méritoires que les sueurs des dames du corps de ballet. *(Hilarité générale.)* »

La vérité nue

Charles Le Peletier d'Aunay (1840-1918), sénateur de la Nièvre de 1898 à 1918, ancien ambassadeur et descendant de Vauban, fut sollicité pour l'inauguration d'une statue à Hégésippe Simon, « Précurseur », né dans la commune de Poil (Nièvre), dont la grande pensée était : « Les ténèbres s'évanouissent quand le soleil se lève. » Ce philanthrope génial était totalement fictif, mais le sénateur accepta : « Je vous autorise bien volontiers à m'inscrire parmi les membres du comité du centenaire d'Hégésippe Simon ; mais, à mon vif regret, je prévois qu'il me sera sans doute difficile de me trouver à Poil... »

Se laissèrent également prendre au canular : l'ancien président du Conseil Ferdinand Sarrien, le député de Tours René Besnard, docteur en droit, le sénateur Aimond, polytechnicien, rapporteur général de la commission des Finances, leur collègue Lintilhac, agrégé de l'Université, et le sénateur de la Drôme Maurice Faure, ancien ministre de l'Instruction publique...

Poldève ni d'Adam

Pierre Cazals (1853-1946), député radical de l'Ariège de 1919 à 1936, questeur de la Chambre, ancien président du Groupe radical, réagit avec son cœur à une lettre déchirante du Comité de défense poldève détaillant le martyre de ce peuple d'Europe centrale : « Toutes les iniquités trouvent en moi un adversaire résolu, à plus forte raison l'oppression et la violence ! » répondit-il noblement.

Or il n'existe pas de Poldèves en Europe ni ailleurs, ce que suggérait d'ailleurs le nom du signataire de la lettre, Lyneczi Stantoff. Son cosignataire donnait la clef de l'énigme : Lamidaeff, autrement dit « l'ami d'A. F. », le mouvement royaliste d'Action française.

Dix autres députés se firent berner, mais Cazals, agrégé de l'Université, présidait la commission de l'Enseignement.

États-Honnis

Louis Gardiol (1879-1946), député socialiste des Basses-Alpes (actuelles Alpes-de-Haute-Provence) de 1924 à 1940, reçut en janvier 1933 une pétition de la Ligue de Défense ethnique des Terre-Neuvas et des Guatémaliens, dénonçant les discriminations dont deux États étaient victimes au sein des États-Unis : découverte par Cortez, l'île de Terre-Neuve était hispanophone, tandis que le Guatemala parlait portugais, ce qui les privait de représentation au Congrès.

Un minimum de culture générale aurait suffi à alerter l'honorable parlementaire : Terre-Neuve est une île canadienne découverte par un Français et ne fait pas davantage partie des États-Unis que le Guatemala, république hispanophone d'Amérique centrale dont les habitants sont les Guatémaltèques.

Mais le député prit sa plus belle plume et répondit : « Je forme des vœux au seuil de cette nouvelle année pour que l'égalité des droits soit enfin reconnue aux États de Terre-Neuve et de Guatemala et qu'ainsi l'union américaine devienne une réalité. »

Dupuis de science

Armand Dupuis (1891-1993), député radical-socialiste de l'Oise de 1932 à 1940, reçut lui aussi la pétition canularesque des Terre-Neuvas et des Guatémaliens, œuvre de jeunes adversaires de droite.

Sans prendre la peine d'ouvrir un atlas, il répondit avec optimisme : « Je suis persuadé que le président Roosevelt estimera que vos compatriotes doivent être traités sur un pied d'égalité, de justice et de fraternité. »

Entre autres distinctions, il fut commandeur dans l'ordre des Palmes académiques.

Franconphonie

Maurice Bayrou (1905-1996), député du Gabon-Moyen-Congo à l'Assemblée nationale de la IVe République, durant la séance du 15 mars 1950 interrompit en ces termes un collègue antillais qui fustigeait le colonialisme : « Vous avez bien été heureux qu'on vous apprenne à lire ! » L'orateur ainsi interpellé s'appelait Aimé Césaire...

Cette sortie n'empêcha pas Maurice Bayrou de devenir secrétaire d'État à la France d'outre-mer en 1955.

Nulle en géo

Sarah Palin (née en 1964), maire de Wasilla, gouverneure de l'Alaska de 2006 à 2009, fut choisie en 2008 par John McCain comme candidate à la vice-présidence des États-Unis, pour séduire l'électorat populaire et féminin.

Il apparut qu'elle croyait que l'Afrique était un pays, et non un continent, et qu'elle était incapable de citer les trois pays membres de l'Accord de libre-échange nord-américain (ALENA), autrement dit les États-Unis et leurs deux voisins, le Canada et le Mexique.

Ses bourdes ridiculisèrent la campagne de McCain, qui perdit contre Obama. Elle ne fut pas conviée aux obsèques de McCain.

Hitlérien à voir

Anthony Rota (né en 1961), député libéral, président de la Chambre des communes du Canada, accueillant le président ukrainien Volodymyr Zelensky dans son hémicycle le 22 septembre 2023, fit applaudir un héroïque vétéran de l'indépendance ukrainienne présent dans les tribunes, Yaroslav Hunka.

Les organisations juives protestèrent : il s'agissait d'un ancien SS, qui avait combattu l'URSS pour le compte du Reich hitlérien. Rota démissionna, tandis que Vladimir Poutine saisissait cette occasion inespérée de rappeler la collaboration des nationalistes ukrainiens : « S'il ne sait pas que Hitler et ses criminels ont combattu la Russie pendant la guerre, c'est un idiot. »

Les galactiques

Si certains responsables politiques semblent des ovnis, quelques-uns assurent en avoir vu et étendent leur champ d'action à l'univers cosmique.

Un grand des astres

Victor Hennequin (1816-1854), député socialiste fouriériste de la Saône-et-Loire de 1850 à 1851, partit en exil après le coup d'État de Louis-Napoléon Bonaparte. À force de séances de spiritisme chez Victor Hugo, il prétendit être doté d'une « trompe aromale » le mettant en communication avec les âmes répandues dans l'espace.

« Des âmes, relativement très rares, sont destinées à devenir sous-dieux, révéla-t-il. Je dois l'être après mon existence féminine du 7e degré dans le monde supérieur. J'entrerai dans Vesta comme 30e sous-dieu. »

Dans une ultime crise de démence, il se trancha la langue avec ses dents et périt étouffé par son sang. On ignore sous quelle forme il se réincarna.

Ovnis, vos papiers

Lucien Jeune, maire de Châteauneuf-du-Pape (Vaucluse) de 1945 à 1965, confronté à la grande vague d'ovnis de 1954, interdit par arrêté municipal le survol de sa commune par les soucoupes volantes et les cigares volants. Leur stationnement y était également prohibé, sous peine d'enlèvement par le garde champêtre.

Cet arrêté pittoresque et publicitaire est toujours en vigueur.

No border

Christian Raymond, maire d'Arès (Gironde) de 1975 à 2001, commença son mandat en créant, en 1976, un « ovniport » orné d'une manche à air et d'une soucoupe volante, pour accueillir les extraterrestres. Une délibération du conseil municipal exempta de taxe de stationnement les vaisseaux spatiaux.

Inspiré

Gabriel Green (1924-2001) se présenta à l'élection présidentielle américaine de 1959, sous les couleurs du Parti universel des Soucoupes volantes : il prétendait avoir été contacté par des « frères humanoïdes », avoir voyagé avec eux dans l'espace et être resté en communication télépathique avec ces extraterrestres éclairés.

Les électeurs lui préférèrent inexplicablement Kennedy.

Francisco Macías Nguema (1924-1979), premier président de la Guinée équatoriale à l'indépendance de cette ancienne colonie espagnole, y fit régner la terreur de 1968 à 1979 par un curieux mélange de marxisme et de sorcellerie traditionnelle. « Le Tigre guinéen », comme il était appelé, ne supportait pas la contradiction. Nul n'osa donc le contrarier quand il décida de lancer la Guinée équatoriale dans la conquête spatiale.

La construction de fusées et de bases de lancement étant hors de portée pour un petit pays du tiers-monde, on se contenta d'entraîner les futurs cosmonautes à l'apesanteur : ils étaient enfermés dans des fûts qu'on faisait dévaler à flanc de montagne.

Planète rouge

Homero Rómulo Cristalli Frasnelli, dit « Juan Posadas » (1912-1981), militant trotskyste et théoricien, appliqua en 1962 la pensée marxiste à l'analyse des ovnis. Des civilisations suffisamment avancées pour traverser l'espace intergalactique ayant forcément dépassé la lutte des classes et atteint le stade de la société communiste, leurs envoyés venaient selon lui aider les Terriens à s'émanciper. Depuis 1962, l'Internationale posadiste, dont le siège est à Bruxelles, attend les coopérants venus d'ailleurs en vue de la révolution prolétarienne.

Pendant la guerre froide, Posadas et ses partisans se déclarèrent pour la guerre nucléaire, estimant qu'elle favoriserait la révolution mondiale.

Space

Eric Gairy (1922-1997), Premier ministre de la Grenade de 1961 à 1962 puis de 1967 à 1979, faisait régner la terreur dans son île des Caraïbes à travers sa police secrète, le « gang des mangoustes ».

Passionné d'ufologie, il réclama à l'Assemblée générale de l'ONU la création d'un comité d'enquête international sur les ovnis. Alors qu'il était à New York pour en discuter, un coup d'État renversa son régime, le 13 mars 1979.

Hors sol

Saparmourad Niazov (1940-2006), président du Turkménistan dès 1990 et « président à vie » à partir de 1999, dit « le Turkmenbachi » ou « le Père des Turkmènes », institua un régime dictatorial. Il supprima les retraites, donna son nom à une météorite et fit ériger de nombreuses statues de lui à travers le pays, dont la plus grande, dorée, pivotait sur un axe pour faire toujours face au soleil.

Sous son règne, tous les livres étaient interdits, car inutiles, le chef de l'État ayant concentré tout le savoir dans son livre de pensées, le *Ruhnama*, ou *Livre de l'âme*. En 2005, il en fit mettre un exemplaire sur orbite : sa pensée gravite toujours autour de la Terre.

Votez Spok

Jyrki Kasvi (1964-2021)), maire d'Espoo, député de la Ligue verte au Parlement de Finlande de 2003 à 2011 et de 2015 à 2019, était aussi un auteur de science-fiction passionné de nouvelles technologies.

Pour les législatives de 2007, il fit traduire son site Internet en klingon, une langue fictive parlée dans *Star Trek*.

Daniel R. Foley dit « Dan Foley » (né en 1969), membre de la Chambre des représentants du Nouveau-Mexique de 1998 à 2008, aux États-Unis, fit voter en 2003 une loi tendant à créer une Journée officielle de la culture extraterrestre. Résidant à Roswell, localité rendue célèbre par le supposé crash d'un ovni en 1947, il souhaitait « célébrer et honorer tous les visiteurs extraterrestres passés, présents et à venir, de façon à renforcer les liens entre tous les citoyens du cosmos, connus et inconnus ».

Crash politique

Paul Hellyer (1923-2021), député libéral à la Chambre des communes du Canada de 1947 à 1957 et de 1958 à 1974, ministre de la Défense de 1963 à 1967, ministre des Transports de 1967 à 1969, évolua à la fin de sa vie vers un nationalisme compliqué de considérations ufologiques.

En 2005, il demanda aux gouvernements du monde « de dire ce qu'ils savent » au sujet des technologies extraterrestres, afin de « sauver notre planète ». Il accusa plus tard les États-Unis d'avoir noué une alliance secrète avec des créatures venues d'une autre planète.

Terrien de mieux à faire ?

John Key (né en 1961), leader du Parti national et Premier ministre de Nouvelle-Zélande de 2008 à 2016, fut interrogé par un complotiste qui lui prêtait des origines extraterrestres – l'écrivain anglais David Icke assurant que les dirigeants du monde sont des envahisseurs reptiliens infiltrés qui n'ont qu'une apparence humaine.

Jurant n'être « jamais monté dans un vaisseau spatial », le Premier ministre se fit, en 2014, examiner par un vétérinaire, qui certifia son humanité terrienne.

« Soulagement en Nouvelle-Zélande : le Premier ministre n'est pas un reptile », titrait ainsi *Le Figaro* en relayant l'information en France.

Sylvain Durif (né en 1969), dit « le Christ cosmique », candidat ufologue à l'élection présidentielle française de 2017, voulait « apporter la paix sur Terre et dans le cosmos afin d'instaurer le paradis ».

Dans ce but, il promettait la construction de bases d'atterrissages pour vaisseaux extraterrestres, mais aussi de barrières cosmiques « pour empêcher les reptiliens nazis de nous attaquer ». *La Marseillaise* serait remplacée par un nouveau chant : *Grand Monarque nous voilà, devant toi le sauveur du cosmos*.

Il n'obtint malheureusement pas les parrainages nécessaires pour concourir au scrutin.

Les fantomatiques

Régulièrement, le décès d'un candidat juste avant le scrutin se solde par l'élection d'un mort. Les assemblées comportent aussi des élus fantômes, bien vivants, mais qui brillent par leur absence.

Trop tard

Edward Legge (1710-1747), capitaine dans la Royal Navy, fut porté candidat par son frère dans la circonscription de Portsmouth : celle-ci abritait le siège de l'Amirauté, qui souhaitait que le député soit un officier de marine. Legge, alors gouverneur des Îles-sous-le-Vent, aux Antilles, fut donc brillamment élu en son absence, le 15 décembre 1747.

La lenteur des communications avec les Caraïbes fit qu'on apprit plus tard son décès, survenu le 19 septembre, soit trois mois avant son élection...

Au finish !

John Kirkman (1741-1780), conseiller municipal de Londres, se présenta à la Chambre des communes en 1780. Le scrutin durait alors six jours.

Épuisé, le candidat s'éteignit six heures avant la clôture des opérations électorales. Avec 20,2 % des voix, soit le second score, il remporta l'un des quatre sièges en jeu à titre posthume.

Collin froid

François Collin (?-1791) fut élu député aux États généraux par les habitants de l'île de France, l'actuelle île Maurice, alors possession française. L'éloignement de cette terre, au milieu de l'océan Indien, fit que les nouvelles allaient lentement : l'élection n'eut lieu que le 1er juillet 1790, soit plus d'un an après le début de la Révolution.

Avec son collègue Codère, il s'embarqua pour un long voyage en mer à bord de l'*Amphitrite*. Après des mois en mer, il aperçut enfin les côtes de France quand le vaisseau se fracassa à la pointe de Penmarch, l'entraînant par le fond. Il ne vit jamais ses collègues.

Père putatif

Louis Martineau (1772-1838), notaire à Châtellerault (Vienne), se présenta aux élections législatives de 1831 comme candidat de la majorité. Au suffrage censitaire, il obtint 99 voix, contre 100 pour le candidat de l'opposition ; mais l'urne contenait aussi un bulletin manuscrit au nom de « Martineau père », que la Chambre décida de valider alors que Martineau n'avait pas d'enfant.

Proclamé élu au bénéfice de l'âge grâce à ce centième bulletin, il devint la tête de Turc de la presse parlementaire sous la monarchie de Juillet : surnommé « le père Martineau », il servait aux journalistes à aérer leurs comptes rendus de séance par des interruptions fictives, qui consistaient invariablement en : « Bon !... Bon !... »

Alors que Louis Martineau avait renoncé à se représenter aux législatives de 1837, dans la presse, son double imaginaire, le père Martineau, continua d'interrompre les orateurs jusqu'à la chute du régime en 1848. Ce personnage devint si populaire que les visiteurs demandaient à le voir : on leur désignait de loin un quelconque député ventru pour faire croire à son existence.

Thaddeus Stevens (1792-1868), élu de la Pennsylvanie à la Chambre des représentants de 1849 à 1853 et de 1859 à sa mort, était une forte personnalité du Parti républicain, très engagée en faveur de l'abolition de l'esclavage et des droits civiques des Noirs.

Il était tellement apprécié de ses amis que, huit semaines après son décès, ils présentèrent symboliquement sa candidature à titre posthume. Son siège échut ensuite à l'un de ses disciples.

Asile politique

Antoine-Léonce Guyot-Montpayroux (1839-1884), député républicain de la Haute-Loire de 1869 à 1870, se fit connaître par la fréquence et la vivacité de ses interruptions. Battu en 1871, il parvint à reconquérir son siège en 1876, mais la Chambre fut dissoute l'année suivante.

Réélu en 1877, il fut presque aussitôt frappé de démence, publiant un long manifeste qui commençait en ces termes : « Je suis le Père éternel. » Comme il voulait rencontrer Bismarck pour régler le différend franco-allemand, on lui avança un carrosse de la part du chancelier : c'était en réalité le fourgon qui le mena à l'asile.

Il y fut en traitement durant plusieurs années, mais ne démissionna pas et resta donc député pendant quatre ans, jusqu'à la fin de son mandat en 1881.

Esprit de parti

Édouard Léon Napoléon Mathieu (1830-?), ingénieur né à Paris, se fit adopter par les républicains de Lorient (Morbihan), qui l'élurent conseiller général. À la mort du député local, en 1880, il lui succéda à la Chambre et fut largement réélu sous l'étiquette radicale aux élections législatives de 1881, par 7 819 voix sur 12 453 votants.

Son succès, toutefois, l'avait mis en lumière, et ses adversaires ne tardèrent pas à jeter le doute sur ses diplômes, voire son état civil. Victime de son ambition, le député Mathieu évita de répondre aux questions gênantes en disparaissant purement et simplement en cours de mandat.

On ignore toujours où et quand l'imposteur est décédé.

L'effet maire

Auguste Ferret (1851-1896), maire et conseiller général du Bouscat (Gironde), se présenta à l'élection législative complémentaire organisée à la mort du député local, en 1896.

Il se donna tant durant la campagne qu'au soir du second tour, il s'effondra pendant le dépouillement du scrutin. Il ne sut jamais qu'il avait gagné, par 6 080 voix sur 11 431 votants. La Chambre valida l'élection tout en constatant la vacance du siège, qui fut pourvu lors d'un nouveau scrutin l'année suivante.

La mémoire du député posthume est entretenue par une « avenue Auguste Ferret » qui traverse aujourd'hui sa ville. Sage précaution, l'intéressé l'avait ainsi baptisée de son vivant.

Pierre Lorthiois (1873-1902), conseiller général de Lille (Nord) et candidat « clérical national » à la députation dans le contexte de l'affaire Dreyfus, fut grièvement blessé durant la campagne violente qui l'opposa aux socialistes.

Le 11 mai 1902, il fut élu député, mais s'éteignit le jour même, sur son lit d'hôpital.

Comme la nouvelle législature commençait le 1er juin, il ne bénéficia même pas de l'indemnité funéraire accordée aux familles de députés décédés en cours de mandat.

Intouchable

Pierre Alype (1846-1906) fut député pendant près de dix-sept ans, de 1881 à 1898, sans avoir jamais mis les pieds dans sa circonscription... Censément, il représentait « l'Inde française », autrement dit les anciens comptoirs de Mahé, Yanaon, Karikal, Pondichéry et Chandernagor : l'homme fort de ce territoire, Chanemougam, avait recruté cet avocat sans cause pour lui servir de porte-parole à la Chambre et le faisait élire en bourrant les urnes, mais le député, véritable homme de paille, avait l'interdiction de quitter la Métropole. Ses électeurs le surnommèrent « le député invisible ».

Aux législatives de 1898, Chanemougam ayant changé de protégé, Pierre Alype se présenta sans son appui et n'obtint que neuf voix. En 1906, il voulut prendre sa revanche en s'embarquant pour une sénatoriale à La Réunion, mais s'effondra sur le quai à Marseille, frappé d'une attaque, au moment où il allait rencontrer des électeurs pour la première fois.

Henri Gaebelé (1860-1936), maire de Pondichéry, conseiller général, était bien implanté dans l'Inde française, dont il fut élu sénateur en décembre 1922.

Un an plus tard, il écrivait au président du Sénat qu'il n'avait « pu supporter les brusques variations du climat parisien » et qu'il avait « dû passer toute l'année à Cannes ». Il démissionna.

Shut up

Dominick Geoffrey Edward Browne, 4e baron Oranmore et Browne, 2e baron Mereworth (1901-2002), entré à la Chambre des lords en 1927, en était encore membre en 1999, ce qui faisait de lui le plus ancien lord du Royaume-Uni.

En soixante-douze années, toutefois, il n'a jamais pris la parole devant ses pairs.

Sortie de route

Alfred James Dobbs (1882-1945), syndicaliste, conseiller municipal de Leeds et ancien président du Parti travailliste, après plusieurs échecs aux législatives, fut enfin élu député le 26 juillet 1945, dans la circonscription de Smethwick.

Le lendemain, il choisit d'aller en voiture à Westminster et, se tuant dans un accident de la circulation juste avant la rentrée parlementaire, ne commença jamais son mandat.

Ami imaginaire

Jakob Maria Mierscheid (né en 1933), député social-démocrate allemand, fut honoré en mars 2013 d'un hommage de Norbert Lammert, président du Bundestag, à l'occasion de ses 80 ans. Connu de toute la classe politique, Mierscheid est une figure aimée en Allemagne.

Seul problème : ce député est totalement fictif ! Il a été inventé par les sociaux-démocrates pour ne pas payer leurs notes de restaurant, les tables étant réservées à son nom. La tradition s'est perpétuée au point qu'il dispose d'un site Internet comportant une notice biographique et une photo. Il est considéré comme le 615e membre du Bundestag, qui compte 614 sièges.

À Berlin, une passerelle couverte au-dessus de la Spree porte aujourd'hui son nom. Elle relie deux bâtiments parlementaires.

Richard John Bingham, 7e comte de Lucan (1934-?), le soir du 7 novembre 1974, a tué la nounou de ses enfants, vraisemblablement parce qu'il l'avait prise dans l'obscurité pour sa femme, avant d'agresser celle-ci. Lord Lucan a depuis disparu sans laisser de traces : on ignore s'il s'est suicidé ou s'il a refait sa vie à l'étranger.

Son siège à la Chambre des lords est resté vacant. Aucun certificat de décès ne pouvant être produit, le fils de lord Lucan ne put succéder à son père. La mort du disparu n'a été officialisée qu'en 2016.

The Runaway MP

John Stonehouse (1925-1988), député travailliste à la Chambre des communes de 1957 à 1976, plusieurs fois ministre, fut porté disparu au large de Miami en 1974. Son siège resta vacant pendant deux ans.

Le noyé, pourtant, se portait bien. Surendetté, compromis par ses livraisons de documents secrets aux services secrets tchécoslovaques et décidé à refaire sa vie avec son assistante Sheila Buckley, devenue sa maîtresse, il vivait sous un faux nom en Australie, grâce au passeport volé chez la veuve d'un électeur défunt.

Arrêté par la police australienne qui croyait avoir retrouvé lord Lucan, il fut extradé et jugé en Grande-Bretagne, et il démissionna du Parlement.

John T. Wilson (1939-1982), élu démocrate du Texas à la Chambre des représentants, se porta candidat au Sénat de cet État.

Un cancer du poumon mit fin à ses ambitions le 19 septembre 1982, soit un jour après la date limite prévue par la loi pour retirer son nom du bulletin de vote.

Pour empêcher l'élection de son rival républicain, les démocrates appelèrent à voter pour le mort, qui remporta la majorité des suffrages. Le porte-parole républicain à Austin constata : « Il n'est pas exigé au Texas que le candidat soit en vie, sauf avant la date limite de dépôt. »

Devant l'Éternel

Kim Il-sung (1912-1994), fondateur et « Dirigeant suprême » du régime communiste de la République populaire démocratique de Corée (RPDC) ou « Corée du Nord », n'a pas eu de successeur à la présidence de cet État : après sa mort, le 8 juillet 1994, la réalité du pouvoir échut à son fils Kim Jong-il, puis à son petit-fils Kim Jong-un, mais le poste de président fut laissé vacant pendant quatre ans, puis, par un amendement constitutionnel du 5 septembre 1998, Kim Il-sung fut institué « président éternel de la République » *(Gonghwagugui yeongwonhan juseog)*.

Malgré son inspiration marxiste originelle, le régime renouait alors avec la tradition des anciens royaumes coréens en divinisant le monarque défunt. La Corée du Nord est ainsi le seul pays au monde présidé par un mort.

Increvable

Mel Carnehan (1934-2000), gouverneur démocrate du Missouri, se porta candidat pour devenir sénateur aux élections du 7 novembre 2000, mais périt dans le crash de son avion le 16 octobre, trois semaines avant le scrutin.

Il était trop tard pour retirer son nom et réimprimer les bulletins. En hommage à sa personne et en rejet du candidat républicain, les citoyens du Missouri élurent le mort au Sénat. Ses partisans promirent de faire élire ensuite sa femme. Ils firent campagne pour le défunt sur le slogan : « Je suis toujours avec Mel. »

I will survive

Patsy Mink (1927-2002), avocate féministe d'origine japonaise, fut la première femme non blanche à siéger au Congrès des États-Unis, en 1965 : elle représenta longtemps Hawaï à la Chambre des représentants, sous les couleurs du Parti démocrate.

Malade, elle mourut d'une pneumonie le 28 septembre 2002, en pleine campagne électorale ; mais elle était si populaire que les électeurs hawaïens la reconduisirent à titre posthume le 5 novembre !

Limite d'âge

Ellen Soermeland (1899-2003) fut élue en 2003
conseillère municipale d'Osen, en Norvège, à l'âge de 104 ans :
sa vie s'étalait sur trois siècles et deux millénaires...

Elle ne devint cependant pas la doyenne des élus, car elle s'éteignit
avant d'avoir pris ses fonctions.

Bordéliser le scrutin

Dennis Hof (1946-2018), propriétaire de maisons closes dans le Nevada, était candidat républicain à l'Assemblée de cet État. Décédé le 16 octobre 2018, soit moins d'un mois avant les élections générales, il est resté sur les bulletins de vote, qu'il était trop tard pour réimprimer.

Alors que, dans les bureaux de vote, des affichettes informaient les électeurs du décès, ceux-ci ont voté à 68,3 % pour le mort plutôt que de laisser gagner son adversaire démocrate. Le siège a ensuite été déclaré vacant.

Lady gaga

Kay Granger (née en 1943), élue républicaine du Texas à la Chambre des représentants à partir de 1997, s'y montra très active et très présente. Ses collègues, fin 2024, s'étonnèrent donc de ne plus la voir.

Une enquête du *Dallas Express* révéla que, trouvée amnésique et confuse dans sa circonscription, l'octogénaire vivait depuis six mois dans une maison de retraite spécialisée de Fort Worth. Elle n'était même plus en état de rédiger une lettre de démission.

Déficience politique

Thierry Mosca (né en 1959), présenté par le Rassemblement national comme candidat aux élections législatives de 2024 dans la 2e circonscription du Jura, était sous curatelle depuis 2023 et donc inéligible.

Aidé pour « déficience mentale », il n'en recueillit pas moins 32,76 % des voix au premier tour et 34,98 % au second.

Les lucides

Peu d'hommes politiques se montrèrent aussi sincères que Vicente Sanz, élu du Parti populaire à l'Assemblée régionale de Valence, en Espagne, qui en 1994 déclara s'être présenté « pour s'en mettre plein les poches »... Il fut d'ailleurs exclu de son parti.

Plus rares encore furent ceux qui reconnurent publiquement avoir été en dessous de tout, mais il y en eut au moins quatre.

Con battant

Henri Giraud (1879-1949), général évadé de la forteresse de Königsberg, fut à partir de 1942 soutenu par les États-Unis pour devenir le chef de la Résistance française, de préférence à de Gaulle, que Roosevelt détestait.

Le général Giraud, toutefois, avait été proche de Pétain. En tournée en Amérique, il se discrédita en déclarant devant la presse, le 17 juillet 1943, à Ottawa : « L'Allemagne, il ne faut pas l'oublier, a produit Luther et Goethe. C'est un grand pays. Et le national-socialisme… Eh bien… Il y a de bonnes choses. »

Giraud lui-même, dans ses souvenirs, reconnaît avoir été, sur le plan politique, « d'une incompétence, d'une maladresse et d'une faiblesse inconcevables ».

Con peloteur

Scott Buchholz (né en 1968), député national-libéral à la Chambre des représentants d'Australie, ministre adjoint des Routes et des Transports, à l'occasion d'un exercice militaire, avait en août 2018 serré dans ses bras une gradée de l'Armée de l'air australienne qui ne demandait rien.

L'affaire s'étant ébruitée, il s'est excusé : « Je me suis comporté comme un idiot et je reconnais à quel point mes actions étaient inappropriées. »

David Clark (né en 1973), député travailliste, plusieurs fois ministre en Nouvelle-Zélande, détenait le portefeuille de la Santé durant la pandémie de covid-19.

En avril 2020, malgré le confinement décidé par le gouvernement dont il était membre, il alla faire du vélo dans un parc, à deux kilomètres de chez lui, et conduisit sa famille à la plage, à vingt kilomètres de son domicile.

Devant le scandale, il fit la déclaration suivante : « J'ai été idiot et je comprends que les gens m'en veuillent. » La Première ministre a déclaré qu'en des circonstances normales, elle l'aurait renvoyé, mais elle s'est contentée de le rétrograder dans la hiérarchie du gouvernement.

Autopromo

Tanguy Wera (né en 1991), échevin écologiste à la commune de Stoumont (Wallonie), pour avoir suivi les consignes absurdes du gouvernement belge au moment de la pandémie de covid-19, posta en ligne cet aveu : « S'il fallait une cérémonie pour remettre la palme à l'homme politique le plus bête de Belgique et qu'il m'était donné de la présider, mon jugement serait rapide. Je serais le grand gagnant. Oui, avec un aplomb et un sens du conflit d'intérêts dont la fonction politique a parfois le secret, en assumant être, sans distinction, juge et partie, je m'autoattribuerais la palme de la stupidité en politique. »

Le propos, ironique, visait toutefois à ridiculiser le gouvernement belge lorsque celui-ci décida de fermer les théâtres. En politique, on est toujours l'imbécile d'un autre.

Comme le disait Clemenceau : « En politique, on succède à des imbéciles et on est remplacé par des incapables. »

Bibliographie

[ANONYME], *Les Affiches rouges. Reproduction exacte et histoire critique de toutes les affiches ultra-républicaines placardées sur les murs de Paris depuis le 24 février 1848*, D. Giraud et J. Dagneau, Paris, 1851.

[ANONYME], *Les Murailles politiques françaises. Depuis le 18 juillet 1870 jusqu'au 25 mai 1871*, 2 vol., Le Chevalier, Paris, 1874.

BECHTEL (Guy), CARRIÈRE (Jean-Claude). *Le Livre des bizarres*, Éditions Robert Laffont, Paris, 1981.

BLAVIER (André), *Les Fous littéraires*, Henri Veyrier, Paris, 1982 (Version revue et augmentée aux Éditions des Cendres, Paris, 2001).

BOITEAU (Pierre), *Votez Démarais ?* Les Éditions de la Lieutenance, Honfleur, 2001.

BRUGAL (Simon) [BOISSIN (Firmin)], *Excentriques disparus*, Albert Savine, Paris, et Édouard Privat, Toulouse, 1890 (réédition Plein Chant, Bassac, 1995).

CARADEC (François) et ARNAUD (Noël) (dir.), *Encyclopédie des farces et attrapes et des mystifications*, Jean-Jacques Pauvert, Paris, 1963.

[COLLECTIF]. *Dictionnaire des parlementaires français 1940-1958* (5 vol. parus), La Documentation française, Paris, 1988-2005.

[COLLECTIF]. « De la bêtise en politique » *in La Revue des Deux Mondes*, Paris, juillet-août 2024.

DELVAU (Alfred), *Les Murailles révolutionnaires de 1848. Collection des décrets, bulletins de la République, adhésions, affiches, fac-similé de signatures, professions de foi, etc.*, Éditions Picard, Paris, s. d. [1867].

FRANC-NOHAIN, « Excentricités électorales », *Je sais tout*, Paris, 15 mai 1906.

FULIGNI (Bruno). *Votez fou ! Candidats bizarres, utopistes, chimériques, mystiques, marginaux, farceurs et farfelus : de 1848 à nos jours, les élus auxquels vous avez échappé*, Éditions Horay, Paris, 2007.

FULIGNI (Bruno). *Histoire amusée des promesses électorales*, Tallandier, Paris, 2017.

GAUBERT (Ernest), « Les Candidats baroques et fantaisistes », *Je sais tout*, Paris, 15 avril 1914.

GÉRARD (Michaël), « Les Candidatures libres aux élections présidentielles sous la Ve République », *Parlement[s]* n° 4, Paris, 2005.

JOLLY (Jean), dir. *Dictionnaire des parlementaires français de 1880 à 1940* (8 vol.), PUF, Paris, 1961-1973.

JOLY (Bertrand). *Dictionnaire biographique et géographique du nationalisme français* (1880-1940), Librairie Honoré Champion, Paris, 1998.

LARCHEY (Lorédan), *Gens singuliers*, F. Henry, Paris, 1867 (Réédition Plein Chant, Bassac, 1993).

MASON (Phil). *Dead Man Wins Elections*, J. R. Books, London, 2010 (traduit en français sous le titre *L'Homme qui a perdu 103 élections et autres histoires extravagantes de la vie politique dans le monde*, Les Éditions de l'Opportun, Paris, s. d.).

MATAGON (Yvan), « Votez pour nous ! », *Historia* n° 651, 1er mars 2001.

ROBERT (Adolphe), BOURLOTON (Edgar) et COUGNY (Gaston). *Dictionnaire des parlementaires français (1789-1889)* (5 vol.), Bourloton Éditeur, Paris, 1889-1891.

YVERT (Benoît), dir. *Dictionnaire des ministres (1789-1989)*, Perrin, Paris, 1990.